世界自然遺産の島

おがさわら慕情

手塚博治
Tezuka Hiroji

幻冬舎MC

出典：父島管内図（小笠原支庁土木課作成）

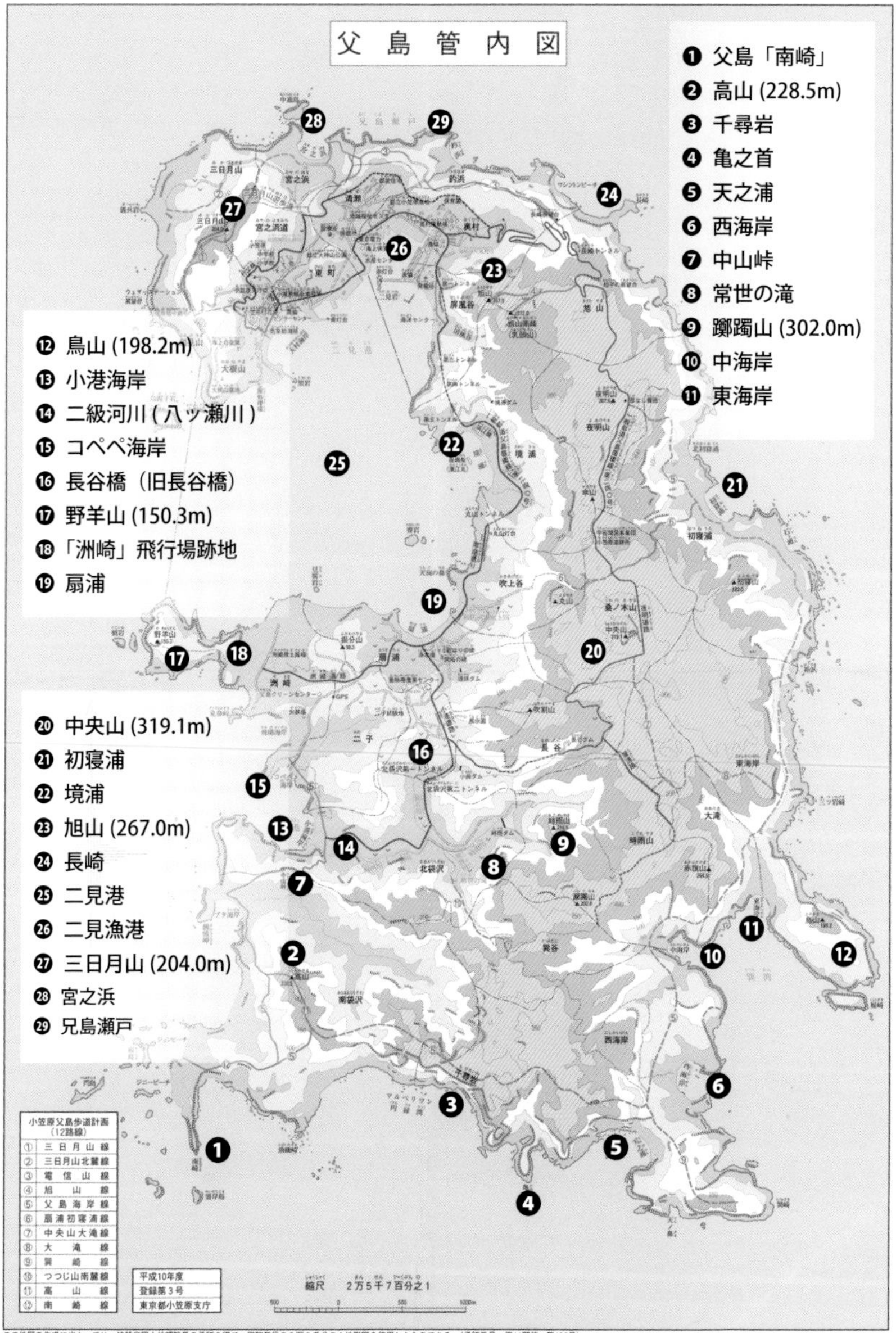

この地図の作成に当たっては、建設省国土地理院長の承認を得て、同院発行の2万5千分の1地形図を使用したものである。（承認番号　平11関使、第196号）

※原本を縮小しているため、実際の縮尺とは異なります

出典：母島管内図（小笠原支庁土木課作成）

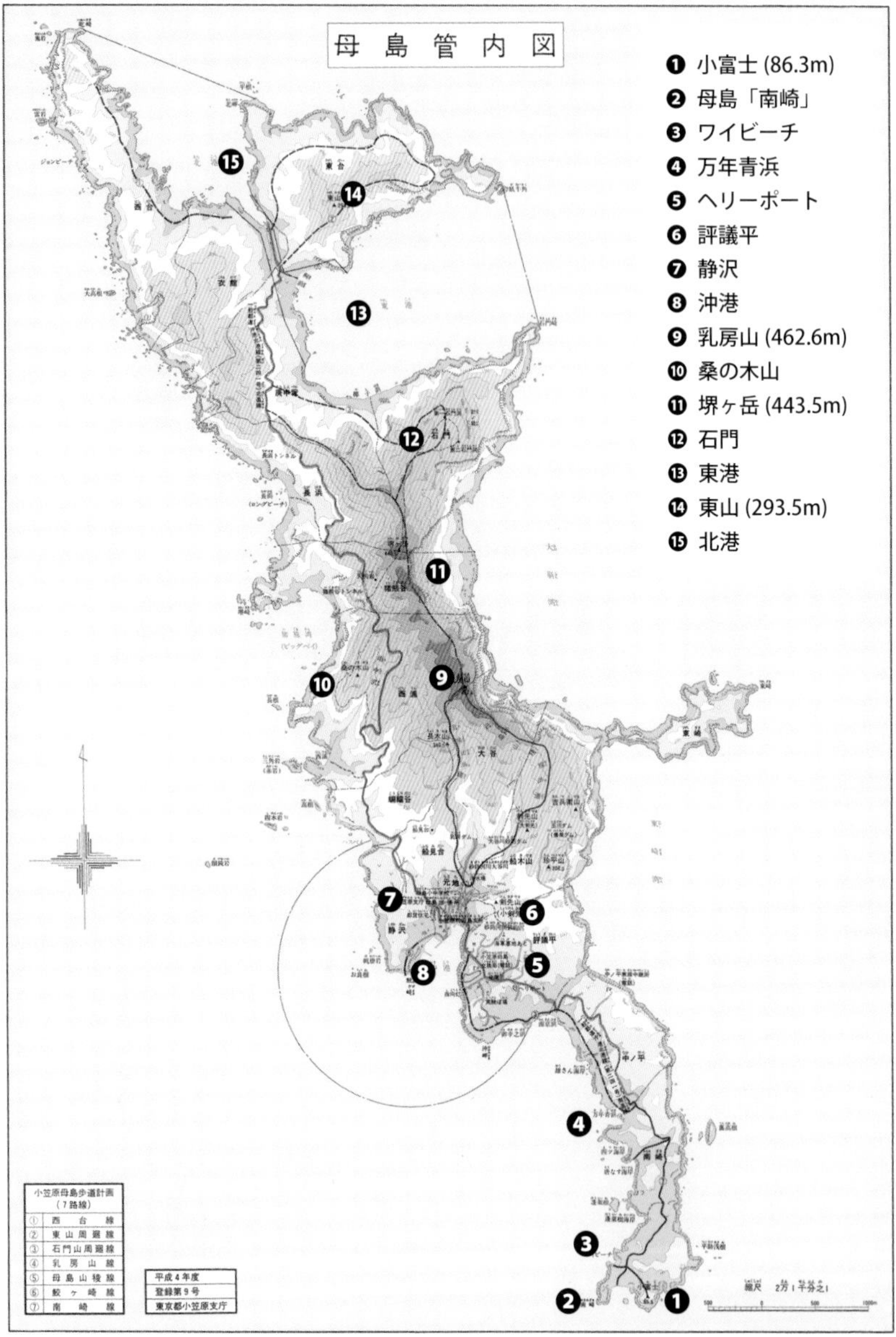

※原本を縮小しているため、実際の縮尺とは異なります

出典：小笠原国立公園区域及び保護・利用計画（小笠原支庁土木課作成）

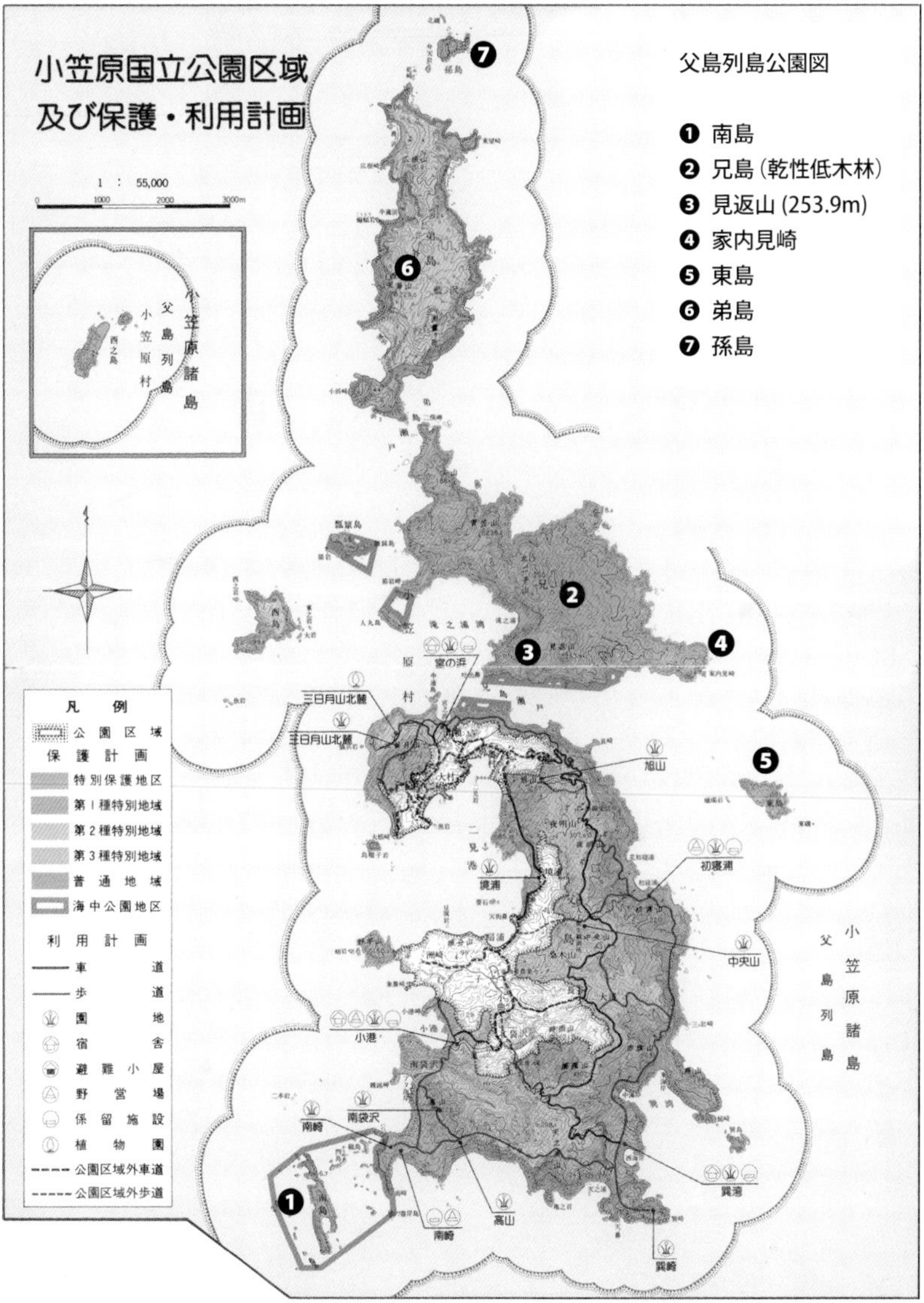

※原本を縮小しているため、実際の縮尺とは異なります

出典：小笠原国立公園区域及び保護・利用計画（小笠原支庁土木課作成）

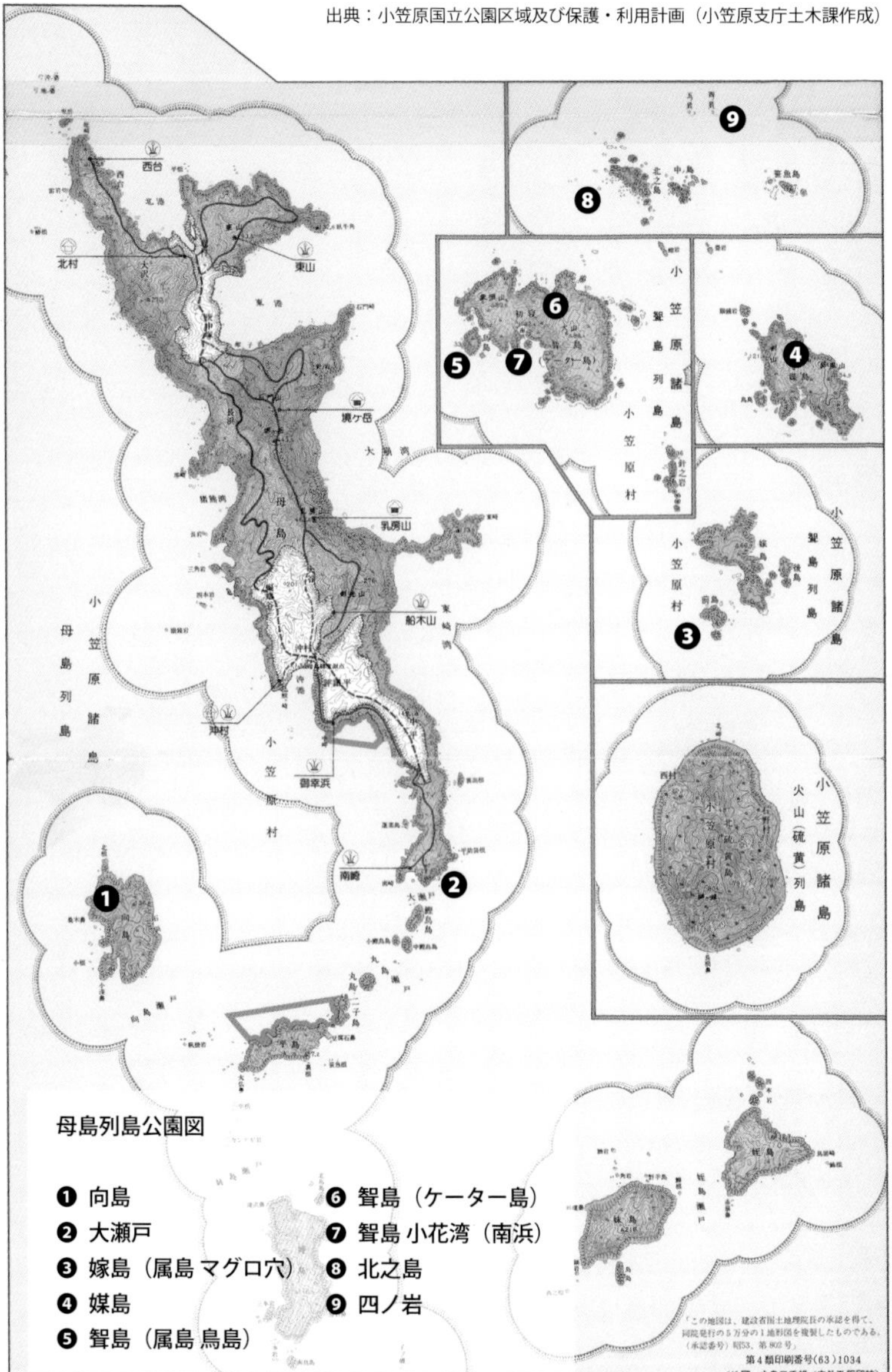

世界自然遺産の島

おがさわら慕情

はじめに

東京都庁の職員を長らく経験すると、多くの職場を体験することとなります。

私は、二三歳の時、名古屋の地から上京し、昭和四九（一九七四）年四月一日から、都庁職員として働いて参りました。そして、土木技術職員として、平成二二（二〇一〇）年七月十五日、五九歳迄の三六年間、建設局を二四年間、港湾局を十二年間、勤務を致しました。この内、両局からの赴任という形で、総務局の小笠原支庁での職場を体験しました。そうしたトータル三六年間は一年から長い時では五年間、多くの職場を転々と異動しましたが、今考えるとどの職場にあっても、忙しく、想い出の残る職場ばかりでそれぞれに感慨が込み上げてきます。中でも小笠原支庁への赴任という体験は、大変なこともありましたが宝の想い出となっています。

都庁の行政範囲は、伊豆・小笠原諸島を含む地域までを管轄しており、これらの島しょ部にも多くの行政需要があり、多岐に亘って、また、至る所で都庁職員が支庁職員として働いています。

私の場合、先ず、平成二（一九九〇）年度から平成四（一九九二）年度までの三年間を建設局からの異動として、小笠原支庁土木課の係長に、また、二回目は平成十四（二〇〇二）年度から平成十五（二〇〇三）年度までの二年間を港湾局から、港湾課長として赴任となりました。

この二回共に、思い掛けない突然の上司からの話で、全くの寝耳に水とはこうしたことをいうのでしょうが、一度目は子供三人が小さかったこともあり、小笠原とは何処にあるのかから始まって、日本地図を広げ大騒ぎの家族会議を経て、家族五人での赴任となりました。

二度目は、三人の子供それぞれが大事な学業のこともあって、単身での赴任となりましたが、異動時の顛末内容は本文の拙文を読んで頂ければと思います。

こうした五年に及ぶ赴任の中で、色々なことがありました。山を歩くことが好きであったこと、また、職住接近だったので通勤時間はほとんど無く、そして余暇時間も十分あったこともあり、行動記録としてのメモの作成と共に、常にカメラを携帯し膨大な量の写真を撮り続けました。

小笠原は、四方海に囲まれ、住宅内も窓を開ければ爽やかな湿度の高い海風が入ってきます。

第一回目の赴任では、カメラを棚の上に無造作に放置したり、使用後の手入れもせずに早くに湿気で使用不可としてしまいました。二回目の赴任の際は、こうしたこともあって手頃な大きさの防湿庫を購入して島に持ち込み、カメラの保管に際しては使用後、専用布で拭くなどして収納していました。

現代は、素晴らしいデジカメの時代、小笠原での記録写真には小型で安価な接写可能でズーム付きの機種がお薦めです。私は、大小二台のカメラを持ち歩きましたが、首下げの小型カメラで十分だったと思っています。

ある時出張に来られた方に、「小笠原って本当に凄いんですよ！」と、折に触れて整理してきた感動のアルバムを観て頂いたところ、その方は「自分は職員向けの雑誌の編集者を知っているから話を付けるよ！　小笠原を紹介したら！」とのお話を頂き、その後も多くの方々から同様なお誘いもあって、恥も外聞もなくお断りすることなく、全く文章作成の素養も無かった自分が、その都度、懸命に書き綴ったものを各種紙面に掲載して頂いて参りました。

本作品の多くの内容は、各種紙面で取り上げて頂いた内容を加筆・修正をしておりますが、時点が古くなったものなど多々あります。

また、帰任後、世界自然遺産への登録、返還五十周年記念事業、小笠原空港問題 等々、最近の小笠原に関する各種報道を拝見するに大きく様変わりをしていることに驚くばかりです。

都庁退職後も、引き続き第三セクターへの勤務のため、忙しく日々を過ごしながら、当時の思い掛けない数々の体験から知った小笠原の素晴らしさを、そして綴った折々の記録を、何とか広く色々な方々にお伝え出来ないだろうか！　という気持ちを抱き続けて二度目の帰任から、早二十年が経過しました。

今回、その第二の職場も退職となったことから、待望の時間を得て断片的なものとはなりましたが、抽出・整理をして「世界自然遺産の島 おがさわら慕情」としてまとめてみました。

作成に当たっては、そうした行動記録と共に撮り続けた数々の写真の中から、その一部だけとなって残念ですが、限られた枚数を抽出して本書に取り込みました。そうはいっても紙面・枚数に限りもあり、かつ素人の写真であります。ご笑覧頂ければ幸いです。

その中には、最後まで狙って撮れなかった写真もあって、当時、一部譲り受けたものなど合わせてモノクロとはなりましたが、一〇〇枚程を掲載させて頂きました。ご提供頂いた方には、ご紹介もせず恐縮ではございますが、紙面より感謝申し上げます。

タイトルからして、「おがさわら慕情」であれば、そうした内容も含めて、最新情報を期待されるのではと考えますが、拙文の域を出ず十分な内容に至っていないことについてはお詫びを申し上げます。

内容として、都庁等の組織は実名で、一部紹介する方を除き登場人物は、自分を含め当時ご一緒させて頂いた方々について、ご迷惑にならない範囲で仮名にして掲載させて頂きました。ご容赦を賜れば幸いです。

また、地図は随想の観点から、常に持ち歩いた当時のものを、掲載させて頂きました。時点修正が必要かと思いますが、属島の島々の位置については、外に公表されている地図から正しい位置関係をご確認頂ければと思います。

最近、ある交通社が実施したアンケート調査で、「一生に一度は行きたい離島ランキング！〜小笠原諸島が二位に！」とのことです。

それでは、世界自然遺産の島 おがさわらを少し知りたいという方、これから一度は訪れてみたいと考えている方、過去、訪れたことのある方、島で赴任経験をした方、今、島に居住されていて、そこまでは知らなかったという方等々、ガイドブックの一助として、また、想い出として本書をお手に取って頂ければ幸いです。

本書は、「小笠原への応援歌」として、赴任した当時の小笠原のありのままの姿を、そして「平和であることの尊さ」を綴らせて頂きました。

国内なのに地球の反対側に行くよりも遠いおがさわら、本当に！　おがさわらって、あらゆるものが凝縮された「夢」の世界そのものです。

二見湾夕日残照

目次

はじめに ―― 2

第一章 世界自然遺産の島「おがさわら」

一 東京の南海上一〇〇〇キロの島々 ―― 12
二 先人たちの歩み ―― 15
三 平和を問いかける戦跡 ―― 19
四 亜熱帯の気候と生活 ―― 23
五 固有植物の可憐な花 ―― 27
六 生命の母・豊かな海 ―― 30

第二章 おがさわら紹介

一 父島「近代土木遺産」 ―― 36

二　アオウミガメの産卵　43
三　小笠原のお酒　47
四　田折家総括録　50

第三章　おがさわら体験

一　「躑躅《つつじ》山」と「千尋《ちひろ》岩」　56
二　母島「石門」と「乳房山」　70
三　「聟島《むこじま》」「北之島」でのダイブ　81
四　代表的ダイブスポット嫁島「マグロ穴」　98

第四章　おがさわらへの赴任と「小笠原空港」

一　小笠原支庁港湾課長　110
二　赴任の経緯《いきさつ》　116
三　「小笠原空港」検討経緯　121
四　小笠原への交通アクセス　133

第五章　おがさわらと戦争
一　小笠原諸島の要塞化の経緯（概要）　143
二　「長谷」師団司令部跡と「父島人肉事件」　151
三　旧米軍戦闘機の残骸　158
四　「幽霊話」と母島「戦跡」の数々　171

第六章　望郷のおがさわら
一　おがさわら十景　200
二　これからの「おがさわら」　216
三　小笠原望郷歌　220

おわりに　226

第一章　世界自然遺産の島「おがさわら」

それでは、世界自然遺産の島「おがさわら」の概要紹介からスタートすることにしましょう。

一　東京の南海上一〇〇〇キロの島々

小笠原諸島は、日本本土から南へ約一〇〇〇〜二〇〇〇㎞の太平洋上に点在する三十余の島々からなり、北から聟島《むこじま》列島、父島列島、母島列島、火山（硫黄）列島、そして、沖ノ鳥島、南鳥島からなっています。

我が国の排他的経済水域は、こうした島々だけで日本全体の約三分の一を占めるに至っており、小笠原諸島の存在は海洋資源・自然環境等の面から極めて重要な役割を担っています。

そして、これらの島々は、大陸から隔絶された海洋上の孤島でもあることから、独特の亜熱帯植生、サンゴ礁、変化に富んだ島しょ景観など風光の美に恵まれています。

この内、人の住む父島は、東京より南方約一〇〇〇㎞に位置し、東京・竹芝桟橋から平成二八（二〇一六）年七月二日就航の三代目となる「おがさわら丸」一万一〇三五トンで、約二四時間を要します。

カメの形に似た父島の面積は、千代田区の約二倍の二三・四五㎢程の小さな島です。

また、母島は、父島から南へさらに五〇㎞、父島・二見港でおがさわら丸からの接続便である平成二八（二〇一六）年七月一日就航の三代目「ははじま丸」四五三トンに乗り換え、約二時間の船旅となります。そのははじま丸は、夕暮れ迫る頃、母島の沖港に到着します。

母島の面積は、約一九・八八㎢、周囲約五八㎞の南北に細長い島で、そのほとんどが豊かな緑に覆われ、海岸線は一部を除き急峻な崖となっています。

父島・二見港と二見漁港（右）

母島・沖港（手前、脇浜なぎさ公園）

　これら島々の成り立ちの時期については、様々な説がありますが、その一つに、今からおよそ二六〇〇～六〇〇〇万年前に水深一〇〇〇メートル以上の深い海底で噴火した海底火山、また、マグマの噴出による世界的にも珍しい枕状溶岩が、その後の地殻変動により隆起して海上に現れ、繰り返される海蝕作用により、今日のような島姿や海岸線になった小島群であるといわれています。
　一方で母島は、近年の調査から父島のように海底火山の後、地殻変動によって隆起した島ではなく、浅海・陸上で噴火した火山島としての成り立ちであったことが明らかになっています。また、現在も噴火を繰り返し拡張を続ける「西之島」、さらに、遥か南に「沖ノ鳥島」、東には「南鳥島」があります。

このように太古の昔から一度も大陸と陸続きになったことが無かったことから、貴重な固有の動・植物等の観察が可能な島となっています。そして、父島では降雨時に滝も発生するなど、余り有る変化に富んだ大自然の醍醐味を満喫出来る島となっているのです。

北袋沢「常世の滝」

父島・小港海岸「枕状溶岩」の断面

二　先人たちの歩み

1　小笠原の発見と最初の移民たち

小笠原の歴史を語る上で忘れてはならない人に、最初の移民の一人となる「ナサニエル・セーボレー」がいます。

セーボレーは、アメリカのマサチューセッツ州で生まれ、三六歳の時、欧米人五名とハワイ諸島の先住民約十五名とでハワイのオアフ島を出港し、六〇〇〇㎞の太平洋を横断し、今から約一九〇年前の一八三〇年六月二六日父島に到着、最初の定住者となりました。

やがて、捕鯨船に飲料水や新鮮な野菜、果実、ウミガメ、薪、またサトウキビから製造したラム酒等を供給しながら、父島を生活の地とするようになりました。

十九世紀前半、当時の小笠原近海では、鯨の油が灯油として使用されていたことから、灯油燃料が石油に代わるまでの間、捕鯨はクジラの肉と共に貴重な供給源として、全盛を極めていました。

開拓の初期、島に生き島を愛したセーボレーは、八十歳の天寿を全うした後、当初、父島・奥村の地に埋葬されたようですが、その後、旧大根山墓地に移葬されています。

その凛とした白い墓碑は、昭和五四（一九七九）年「東京都指定有形民俗文化財」に指定され、その周りを西洋風に色鮮やかな生花で飾られ、訪れた人を迎えています。

旧大根山墓地（セーボレーの墓碑と銘板）

そして、セーボレーは、亡くなってからもその後の小笠原の数奇な歴史のドラマを見続けながら、現在の安定期を静かに見守ってくれているのです。

次に小笠原諸島の人跡ですが、先史時代の研究は未だ、し尽くされていないようです。そうした中で、縄文時代から弥生時代のものといわれる北硫黄島の丸ノミ型の玄武岩質の石斧《せきふ》三点がありますが、これらは昭和の初期に発見されました。その外、父島大根山で採集された凝灰岩質の石器、母島の都営住宅の建設現場で発見された骨角器と貝器などがあります。

歴史上、「小笠原の発見」とされているのは、「黄金の島」があるとされた東方海域の日本を目指して、スペイン人の探検家の指揮するサン・ホアン号（船長はベルナルド・トーレ）が、三つの島を発見したという一五四三年となります。

この三つの島は火山列島（硫黄三島）とみられるのですが、何れの島であったかは明らかではありません。

日本では、文禄二（一五九三）年十月、松本深志城主小笠原長時の孫にあたる小笠原貞頼が、徳川家康の許しを得て出航し、八丈島の南東洋上で無人島を発見して島の品々を持ち帰り、家康から「小笠原」の名を賜ったと伝えられています。何れも真偽は定かではありませんが、ロマンを感じさせ、先人たちが苦労したであろう当時に想いを馳せてしまいます。

平成五（一九九三）年十一月には、小笠原貞頼の小笠原諸島発見四〇〇年、返還二五周年ということで、「無人島発見之の碑」が、父島・扇浦の地に建立されています。

2 ペリーの来航と辺境開拓の足跡

小笠原貞頼の発見から二四〇年近くを経て、セーボレーらによる定住時代を迎え、その後、アメリカ東インド艦隊司令長官であったペリー提督が小笠原に来航します。

江戸時代末期、国中を騒然とさせたペリー艦隊は、浦賀に向かう途中の嘉永六（一八五三）年六月十四日、父島・二見港に来航し四日間滞在しています。その際、石炭貯蔵用地を購入し、島民のために牛、羊、山羊などを与えています。

そして、約一箇月後の七月八日、浦賀に現れることになるのです。余談ですが、ペリーの旗艦から放たれたとされる大砲の弾である鉄球が、返還三五周年記念事業の一環として平成十五（二〇〇三）年八月に開催された「テレビ東京『出張！　なんでも鑑定団：in小笠原』」に出品され、鑑定士が二〇万円の鑑定結果を出しました。

表面が錆びて若干軽くなった鉄球を、セーボレー家五代目の直系子孫が大事に保管していたのですから、何ともユーモア溢れる話ではありませんか。

開拓小笠原の碑

ペリー提督来航記念碑

二見港背後の公園敷地には、「ペリー提督来航記念碑」があります。

平成十五（二〇〇三）年は、ペリーが小笠原に来航して記念すべき一五〇周年の佳節の年でもあったのですが、返還三五周年ばかりが前面に出て、来航一五〇年の方はかすんでしまいました。

明治九（一八七六）年になって、国際的に小笠原が日本領土として認められ、内務省出張所が設置されます。これにより日本史上初めて、欧米人とその子孫が「日本人」となったのです。

その出張所はわずか四年で廃止され、代わりに小笠原支庁の前身である東京府小笠原出張所が設置されます。

現在、辺境開拓の経緯、名前の由来などを記した大久保利通の撰文による「開拓小笠原の碑」が、扇浦に二見湾を見つめるようにひっそりと建っています。

その後、昭和十九（一九四四）年の最盛期には、父島、母島、硫黄島などの島々に約七〇〇〇人もの住民が暮らす時代を迎えます。
しかし、小笠原諸島が、第二次世界大戦における南方の重要な最前線基地となったことから、平和な生活も永く続くことはありませんでした。

三　平和を問いかける戦跡

1　要塞と化した島

私の手元には、A4版の『小笠原村戦跡調査報告書』平成十四（二〇〇二）年三月「小笠原村教育委員会」発行（非売品）があります。この飾り気のない白表紙の冊子は、自分にとって「おがさわら」という、とてつもない世界を知る上で、極めて大きな影響を受けるものとなりました。

この報告書によって、自分の目で戦跡を確認したいという想いに駆られ、赴任期間のうち時間の許す限り土・日・祝日には、戦跡に詳しい先輩・気の合う仲間と調査と称し出掛けていたのでした。それは、戦跡を知りたいという個人的な興味と、自分以外にも広く伝えていかねばならないという義務感にも似た心情によるものでした。

多くの戦跡を訪ね歩くたびに、膨大な時間と労力とによって造り上げられたであろうそれらの数及び規模に、ただただ驚き感嘆するばかりでした。

そうした施設は、父島を南洋諸島への中継基地とするために大正三（一九一四）年、旧海軍による電信業務開始から、昭和二十（一九四五）年の終戦まで、営々と構築され続けていくことになるのです。

そして、約七〇〇〇人の島民の強制疎開を経て、昭和二十（一九四五）年一月には、硫黄島二万一五〇〇人、父島一万六〇〇〇人、母島六二〇〇人の兵隊さんが軍務に就くことになるのです。

戦争末期には、硫黄島は熾烈な陸上戦により玉砕し、父島、母島でも激しい空襲と艦砲射撃によって、義勇隊を含む四五〇〇人が亡くなられています。

十二糎高角砲（夜明山）

小笠原の戦跡はそのほとんどが、朽ちつつも当時のまま残っています。ここまで残っているのは世界で小笠原だけでしょう。残すことが出来たのは手つかずの自然に包まれていたからです。

報告書では、軍事上特に重要であった戦跡について、父・母島の八〇箇所ほどが抽出され、整理されています。それ以外にも、聟島列島では聟島に、父島列島では兄島・西島に、母島列島では向島・平島に、硫黄列島では硫黄島・北硫黄島に、そして南鳥島などにも、軍隊配備の名残として、多くは当時のまま戦跡が残っています。

そのいくつかの島に上陸して、風雨にさらされつつ静かに残るコンクリートの塹壕《ざんごう》、そして大砲などを観て、当時、本土からはるかに離れた太平洋上の孤島で、兵隊さんがどのような想いで軍務に就かれていたのかと思うと、感傷に駆られます。そして、平和の尊さ重要性をしみじみと感じるのです。

2 観光協会が整備

現在、母島では、そうした戦跡に「小笠原母島観光協会」の手によって、一部ですが案内板の設置などにより、遊歩道的な整備が図られつつあります。

しかし、総じて戦跡の大部分は、緑豊かな木々に覆われていることから、一般にはその全体像を目にすることは出来ないのが現状で、特に、父島では何ら手を付けられることなく、当時のまま、静かに訪問者を待っています。

これらの戦跡は、古いもので造られてから一〇〇年近くの歳月を経ており、次のような状況にあります。

i　一部は、危険な場所・状態にあります。

塹壕の多くは、素掘りの状態のままで途中で塞がっていたり、断崖絶壁の上にあったり、崩落・酸欠の危険があります。

ii　一部は、国・都有地、民地、特に農地の中にあります。

戦後の開墾によって、現在ではその農地の中を通行しなければ塹壕・大砲に辿り着けない所もあります。場所によっては、農地の真ん中に残置されている所もあったりします。当然、調査などのための駐車場・遊歩道などは整備されていません。

iii

当時、軍務に就かれた方や、そのご遺族の方々への配慮が必要不可欠です。

私は、第一回目の赴任の際に庶務担当の立場もあって、島案内で来島者の方を戦跡にご案内した際に、ご遺族が戦争で亡くなられていたということを知らず、その方が悲しい過去を想い出されたのか、沈痛な面持ちの姿を目の当たりにして、そして「こうしたものは見たくないんだよな！」と言われた時のことが、今でも立ち姿など想い出されてきます。

戦跡は、くれぐれも興味本位の見せ物にしないなど、扱い方には十分な留意が必要です。ご案内する場合など、これらの諸課題を解決した箇所、十分な配慮のもとエコツーリズムの一環として、後世に史実を伝えるスポットとして紹介していくことが考えられます。

また、その後の経年劣化により、腐朽が激しくレプリカをという話もあったりしますが、なるべく手を加えない自然のままの姿で、後世に伝えていきたいものです。

現在、小笠原の自然は、極めて安定しています。戦跡は、大自然には相容れない異質なものと思われがちですが、それらは小笠原の歴史の語り部となりつつあります。「さあ！

どうぞゆっくりとご覧になって下さい！」と、自らの存在を訪問者に問いかけているかのように想えるのです。

四　亜熱帯の気候と生活

1　島民が引き揚げ、島は本来の緑に

小笠原諸島は敗戦により、昭和二十（一九四五）年末には島民全員が、武装解除して日本本土に引き揚げ、アメリカの軍隊を除き、「無人の島」となったのです。セーボレーたちから始まった島民の定住生活は、一旦終わりを告げます。

翌昭和二一（一九四六）年十月、欧米系の一部島民とその家族一二九人のみ帰島が認められますが、その後、日本に返還されるまでの約二十年間は、島は静かな時を過ごすことになります。

この間、人気の無くなった集落跡には、戦争中、トーチカなどを隠すために利用された「ギンネム」というマメ科植物などが繁茂し、また、かつて軍用トラックが往来した道路にも、自然発生的に木々が逞しく生えていきました。

父島と母島の、昭和十九（一九四四）年頃の畑地の分布図を見ると、「小笠原の開拓は森林の掠奪的な破壊を伴って進められた」という記述があります。山の斜面という斜面は

石門に残る「オガサワラグワ」の根株

石門の鍾乳洞内の石筍と石柱

ほとんど開墾し尽くされ、野菜などが植えられましたが占領統治によってこれらの旧耕地は、小笠原本来の緑に戻っていったのです。

ただ、母島の石門地域については、「学術参考保護林」に指定されていたこともあって、開拓は免れ、また、軍隊も入ることはなく、大切に保存されていました。

昭和四三（一九六八）年六月、小笠原諸島はアメリカ統治の時代を終え、日本に返還されます。返還時の人口は一八一人でしたが、その後の帰島促進策により、七年後の昭和五十（一九七五）年四月には一三五六人にまで増えました。それ以降は増加率が鈍化し、微増傾向で推移しています。

そして、令和三（二〇二一）年現在、父島に約二二〇〇人、母島に約四四〇人が住んでいます。硫黄島、南鳥島（マーカス島）には自衛隊とその関係者が常駐していますが、一般人は住んでいません。なお、これら四島以外は、無人の島となっています。

2　日本で一番早い元旦の「海開き」

小笠原諸島は、気候的には亜熱帯に位置し、年間の気温変化と日較差（一日の最高気温と最低気温の差）は共に小さく、亜熱帯海洋性気候に属し、四季温暖多湿で平均気温は約二三℃です。年間の総降水量は、平均すると約一三〇〇㎜で、意外にも東京の約一六〇〇㎜よりやや少ないのです。こうした気候ですから、夏は海からの風が気持ち良く、島の皆さんはクーラーを設置していても使用しない人が多いようです。

また、元旦は、毎年の恒例行事として、来島する観光客の皆さんと一緒に日本で一番早い海開きが行われています。冬でも短パン・半袖という服装で過ごす人も少なくありません。しかし、気温の感じ方は人それぞれ違うこともあって、セーターの厚着姿の人もいたりして、全体として服装がばらばらな珍現象が発生することになります。

特に、二月と三月は、小笠原でも十五℃くらいまで気温が下がる日も多く、ダイビング以外泳ぐ人は稀です。それなのに、太陽が出ていると紫外線は予想以上に強く、短時間で肌は日焼けでピンク色に変わります。ヤケドと同じで

父島・前浜「正月元旦海開きの状況」

すから注意が必要です。

3　全ての生き物が懸命に命を継ぐ

次に小笠原の地形ですが、父島では「中央山」の南東に位置する父島最高峰（標高三二六メートル）、母島では「乳房山」（標高四六二・六メートル）を中心に峰々を造り、両島共に大部分が切り立った崖から紺碧の海に沈み込んでいます。

特に、父島では東面から南面にかけて、それが顕著です。それは、「千尋岩《ちひろいわ》」と呼ばれる場所に代表されるように、荒々しい断崖絶壁が連続しており、上から恐る恐る覗き込むと紺碧の海に真っ逆さまに吸い込まれそうです。

母島東面（乳房山と石門方面を望む）

小笠原の自然林は、父島・兄島の乾性低木林と母島の湿性高木林に代表されます。そして、地殻変動による隆起と火山活動による岩盤の上に島全体を覆う浅い表土は、太陽の照り返しにより岩石が著しく風化して赤く変色（ラテライト質）しています。

大陸と隔絶された孤島という環境、動・植物をはじめとする全ての生き物が、戦争という破壊行為を受けつつも、太古の昔からそれぞれの独自の進化を懸命に遂げつつ、あるものは固有種として、また、あるものは固有亜種として、現在に至っているのです。

五　固有植物の可憐な花

1　花々を探して出合えた喜び

手もとに、『FLORA OF BONIN IS.（小笠原植物図譜）』という分厚く重さ一kg近い手のひらサイズの高価な本が二冊あります。一冊は赴任中、山歩きの際、常にザックに入れ持ち歩き、花などを観れば直ちに取り出して確認していました。

このため、大分傷んでテープで修復などしていたのですが、二回目の赴任に当たっては新たに購入することになって、山歩き用と机上での確認用にと使い分けていました。今、その本のページを開いてみると、改めて小笠原の自然の素晴らしさが実感として込み上げてきます。それと同時にある植物の花を求め歩いた情景が想い出されてくるのです。

それは、最後まで確認出来なかった「オガサワラグミ」の花です。通常であれば年一回、花を咲かせてくれるのですが、赴任中ついに見つけることは出来ませんでした。また、「オオハマギキョウ」も観たいという願望だけで終わってしまいました。観賞用としては、東京都亜熱帯農業センターの展示室などで確認していたのですが、「あの斜面に今、咲いていますよ！」と教えられても見つけられず、訪島時期が悪かったのか自生している東島（父島）、向島（母島）などでも花を確認出来ませんでした。

一方で、黄金色に輝く幻想的な花「シマウツボ」の群生している状況、また、知人と山

固有種「シマウツボ」

固有種「ムニンフトモモ」

の中を分け入って探しに探してやっとの想いで辿り着き、わずか一輪だけ確認出来た「ムニンフトモモ」の花、その花が風に揺れる姿を眼前にした時の感動は、脳裏に焼き付いて、今も忘れられないものとなっています。現在、「ムニンフトモモ」の花は、その後の増殖計画で、父島・中央山の遊歩道脇で間近に観られるようになっています。

さらに、真っ白に咲き誇る「ムニンツツジ」に出会った時には、自然に「会いに来ましたよ！」と言葉を投げ掛けていました。花もまた、「よくぞ！　ここまで、はるばる来られましたね！」とねぎらい迎えてくれているようでした。

戦跡調査を兼ねて道無き道を歩きながら、こうした固有植物の花々に、カメラのシャッターを押し続けました。そこで感じたことは、移入種による固有種への圧迫が、頓に目立つようになっているということです。

2 移入種が固有種の生態系を破壊

小笠原諸島は、日本本土から遠く一〇〇〇km以上離れた海洋島です。有史以来、一度も大陸と陸続きになったことがありません。

小笠原の植物は、長い間、外の陸地から丸ごと隔離され、その限られた区域だけで分化と進化を繰り返してきました。それに加えて海流の影響で、外の区域からの植物の侵入が困難であったことから、多くの小笠原固有種が生まれたのです。このため、外の種との競合に対しては、一般的に極めてひ弱なものとなっています。

それは、戦前・戦中、人間が薪《まき》や炭として使ったり、兵器の「隠れ蓑《みの》」にするために持ち込んだ強力な移入種により、小笠原の固有種は一部地域では、簡単に打ち負かされてしまっているのです。

例えば、戦前に持ち込まれたリュウキュウマツ、アカギ、ギンネムなどの移入種が、在来林に移入して問題になっています。特に、アカギは周りの固有種を含む在来種の全てを駆逐してしまうほど生命力が旺盛で、それが顕著になっている母島の「桑ノ木山」の一部では、ほとんどの在来種が移入種に覆い尽くされて、残念ですが約八十年の時を経て、見る影も無くなっている場所があったりします。

桑ノ木山斜面「アカギ」の密生状況

こうした状況を踏まえ、小笠原支庁による希少植物の保護・増殖活動が、環境省の援助、東京大学付属小石川植物園の支援によって試みられ大きな成果を上げています。

これは、「ムニンフトモモ」や「ムニンツツジ」など十六種について、昭和五六（一九八一）年から続けられた活動です。父島・母島列島の自生植物で、固有種が占める割合は、約四割といわれています。木部が発達した多年生植物「木本」に至っては、七割以上が固有種のようです。

四季を通じて代わる代わる私たちを楽しませてくれる固有種の花は、全山を覆うように咲く「ムニンヒメツバキ」のような見事な花もあったりしますが、一方で短い期間だけ、山深くの木々の陰に、小さく質素に咲いている花々もあります。その情景は何とも可憐で愛らしく、大柄で原色豊かな印象のある亜熱帯の花とは思えない趣です。

しかし、こうした花々は、なかなか観ることは出来ません。それがまた、小笠原固有の貴重種であるゆえんなのかも知れません。

六　生命の母・豊かな海

1　別次元へと誘うクジラやイルカ

小笠原諸島は、小さな島々から構成されています。島の大きさは、人が住む最大の島・

父島でも、伊豆諸島・大島の四分の一程しかありません。

日本最南端の島・沖ノ鳥島に至っては、その面積はたった九・四四㎡しかないのです。島といっても、広い環礁の中に海面からの高さ一メートル弱の露岩が二つあるだけで、その岩が海蝕で削られて無くならないようにする保全工事で有名になりましたが、私は、第一回目の赴任の際、現地を垣間見ることが出来ました。

そうした島々の間には広大な海、この海に毎年十一月末から五月中旬にかけて、主にザトウクジラが繁殖のために沿岸海域に回遊してきます。そして、二月中旬以降は、子クジラを連れた群れを観ることが出来ます。そのザトウクジラは、他のクジラに較べて色々な行動を見せてくれます。

ウォッチングのツアーシーズンは、海が比較的安定する二月から五月の連休明けまでですが運の良い時には、体の三分の二以上を海面上に現しながら反転し、背面から凄まじい水しぶきと音を立てながら海面に落下する姿（ブリーチング）を目の前で観察出来ます。あたかも大海原でショーを観ているようです。

ところが、何故そうした行動をとるのかは、実のところよく分かっていないようです。

ザトウクジラのシーズン以外の時期は、沖合で頭部の大きなマッコウクジラを観ることが出来ます。小笠原近海は年間を通してウォッチングが可能ですが、春以外は遭遇出来る確率は僅かです。

ザトウクジラのブリーチング

ザトウクジラは、昭和四十（一九六五）年に捕獲が禁止されていますが、ニタリクジラは昭和六三（一九八八）年三月まで、母島・東港に処理場が設置され操業が行われていました。

小笠原は、イルカウォッチングにも絶好な海域で、毎年、ミナミハンドウイルカとハシナガイルカを観ること が出来ます。ハシナガイルカは、数百頭の群れをつくることもあるようで、ごくたまに見せてくれる「きりもみ回転ジャンプ」などの行動は、観る人を飽きさせません。ドルフィンスイムでイルカと目が合ったりすると、海中にいることを忘れ、別次元の幻想の世界を一緒に舞っているような気分になります。しかし、相手は動物、適度な距離感を保ちつつ接していくことがマナーです。

こうしたクジラやイルカのウォッチングは、赴任していた頃には、島の産業の一翼を担うまでに成長していました。

2　想像を絶する魚たちの世界

小笠原では当然、ダイビングも盛んです。大・小のショップがあって、小笠原の海を知り尽くしたインストラクターが安全に海の中へとエスコートしてくれます。

平成十五（二〇〇三）年十月、小笠原諸島の最北端の島、聟島列島北之島の「一ノ岩」でダイブした時のお話をしましょう。

水温は二七℃、透明度は四十〜五十メートル、最大水深は二五メートルでした。潜水すると、直ぐに群遊する体の上半部が色鮮やかな黄色のウメイロが迎えてくれました。さらに深度を増すと、もの凄い数の各種魚が周り全てを覆い尽くすように群れています。こうした世界があるのかと、自然にカメラのシャッターを押し続けていました。

その最中にも、イソマグロ、カッポレ、カンパチなどの大型魚が悠然と目の前を通り過ぎていきます。色々な魚が入れ代わり立ち代わり近寄ってきて、「何しに来たの！」と言わんばかりに目を動かしギョロッと睨みつけては離れていくのです。

魚の群游状況

ソフト・ハードコーラル

岩礁には、ソフト・ハードコーラルが入り乱れてびっしり活着しており、どこに足ヒレや手を突こうか迷うほどです。正に色鮮やかなPR用パンフレットでも見ているようで、どこまでも幻想的な情景が広がっていました。

船長の説明によると、潮の状況によっては全く魚影を観ることが出来ない時もあるようでこの日は特別に幸運だったようです。それにしても、「生小笠原」の海は、「凄い！」の一語に尽きます。

第二章　おがさわら紹介

小笠原も一面として、こうした内容の紹介・形もあるのではないでしょうか。特に、近代土木遺産は、改めて言われるまで、何の変哲もなく朽ちた状態で大自然の中に溶け込み、その偉大な存在「遺産」なるものを知ることはなかったのです。誰しも同じと思いますが……。それでは、お伝えすることにしましょう。

一　父島「近代土木遺産」

社団法人「土木学会」が、平成十三（二〇〇一）年三月三十日に出版した『日本の近代土木遺産 現存する重要な土木構造物二〇〇〇選』に、父島にある四箇所の構造物が掲載されています。

このことを知ったのは、社団法人日本埋立浚渫協会の記者及び写真家の西山芳一さんが来島し、「マリンボイス二一」の「日本の海紀行 小笠原諸島(東京都)」平成十六(二〇〇四)年三月一日号で取材協力をした際、西山さんが帰京後、ＦＡＸ記事（一月八日付）で教えて頂いたことにより知り得た情報でした。西山さんは、プロの写真家として、土木構造物の撮影を手掛けられ、多くの土木専門誌にもそのお名前をよく見掛ける方です。

それでは、父島四箇所の近代土木遺産の概要となります。

1　旧長谷橋

先ずは、都道に架かる長谷橋は何処に、そして「旧長谷橋」は何処にあるだろうから始まって、存在そのものを島の方への聞き取りなどで探しました。その際、聞く人皆さん同様に、「えー！・」旧長谷橋？　顔を傾げ怪訝な顔をされるのです。島内の年配者を含めて、答えてくれる人はおりませんでした。

その旧橋は、小曲ダム下流の小港道路にある現長谷橋の直下に下部工に挟まれる形で当時のまま残置されていたのです。

場所は、新橋の小港側の橋台上流部から、薮こぎをして一〇メートル程下ると眼前に旧橋が現れたのでした。目の当たりにした時、正直、感動のため息を発していました。

そして想ったことは、よくぞ昭和四八（一九七三）年三月に竣工した新橋設置の際、見事なまでに残してくれたものだと感心すると同時に、新橋の縦断曲線の線形計画に関わった当時の技術者の「懸命な判断」に、ただただ驚かされました。

そして、それを眺めれば眺めるほど、旧橋の橋脚・アーチ部・高欄などに一切、手を加えることなく原型を保っていることに驚かざるを得ませんでした。

新橋構築に当たって、当時、返還当初の復興事業の多忙を極める中で、下部工（逆L型）・

河道整備・橋桁設置などで、旧橋の一部に手を付けざるを得ない状況にあったことは想像に難くないところですが、一切無傷にして保全したのですから、奇跡ではないでしょうか。併せて、写真のとおり、旧橋を新橋との間の絶妙なクリアランスと、その空間に映える緑に溶け込ませた技術者のバランス感覚には驚かされるのです。

写真は、下流側から観た旧橋の姿ですが、改めて今一度訪れ新橋も入れた姿をまじまじと観たいと想ったりします。このバランスは、偶然だったのでしょうか？

旧長谷橋

こうして扇浦から小港に抜ける都道下に偉大な土木遺産が、通常、人の目に触れることなく残されているのです。土木工学を学んだ者として、遺産を残すという判断のもと線形が計画されたのであれば先人の透徹した懸命な考えに頭を下げるばかりでなく、ある面、畏敬の念を抱いたりします。

これは、単なる先人への思い過ごしでしょうか！　これからも、都道が存続する限り、場所的なこともあって、観ることを目的とした人以外、半永久的に一般観光客には目に触れることもなく静かに残置され続けていくことになるのでしょう。

頂いたＦＡＸ内容には、「諸元：長一〇・八メートル、Ｓ八・四メートル（Ａ）、完成年：

昭和五、ランク：C、評価情報：小笠原初の永久橋／父島に現存する唯一の戦前の橋／高欄：X模様（オリジナル）」との記載となっています。

その中で「ランク：C」の意味合いは、どのようなランク付けなのか理解出来ませんが、保存状態からすればランクAに匹敵するのでしょうか！

なお、その場を去る際、後ろ髪を引かれるように旧長谷橋から「どなたも振り向いてくれません。またお会いしましょう！」と、呼び掛けられたようでした。当然に、「もちろん、会いにきますよ！」と、言葉を発していました。

2　清瀬隧道《きよせずいどう》

現在、村道として使用されており、父島船客待合所背後の都立大神山公園の中にあります。

大塚秀輝（以下、「大塚」という）の赴任時代、住まいの清瀬職住から支庁までの通勤時に自転車使用の場合、近道的に照明はあるにしても少々薄暗く感じつつ使わせて頂いた道路の一部でした。写真のとおり、築造後、年月は経過して周囲の緑と一体となっていますが、それは見事なトンネルです。二見桟橋の船客待合所側に都道が出来るまで、島の方の生活

清瀬隧道

用道路となっていました。

同内容には、「諸元：長一九〇・五メートル、幅五・五メートル、完成年：昭和十四年、ランク：C、評価情報：坑口内側にC造の張出し壁＝空襲時に防空壕として使うため」との記載となっています。

戦時下では、防空壕として隧道の両側をどのように覆ったのでしょうか。写真でも明らかですが、入って直ぐに張出し壁が存在し即時的に外部と遮断出来るような構造となっていたのでしょう。その遮断壁は、現在は存在しませんが頑丈な開閉可能な扉があったのでしょうか？

当時の記録から、艦砲射撃と共に多くの米軍の艦載機が頻繁に父島に来襲し、至る所攻撃が加えられていたようです。

そして戦時下、強制疎開の際など多くの人々が、資料によれば一時期この中で過ごされ悲惨な生活を余儀なくされていたという記録が残っています。清瀬隧道は、戦跡の一つとしても貴重な施設なのです。

3　境浦堰堤《えんてい》

有名な「境浦沈船」（当時）背後の山の中にあります。現在、水道水のためのダムとして村が管理し、小さいながらも満々と水を湛えています。

このダムは、村の戦跡調査報告書では昭和十五（一九四〇）年頃、旧海軍が艦艇への給水と重油の補給のため、現存する清瀬の重油槽の建設に引き続き建設したもので、約三〇〇〇㎥の水を貯めて、堰堤直下に設けた濾過施設で浄水したとあります。

幾度となく戦跡調査の際に、全景を色々な角度から観てきていますが、今一度、濾過施設を含め間近でじっくりと観察したいと想ったりしています。

同内容には、「諸元：高約一〇メートル、長二五・二メートル、完成年：昭和初、ランク：C、評価情報：金網を代用した（?）バットレス付きダム／海軍が伊豆七島・小笠原諸島に設置した水道ダムで唯一現存」との記載となっています。

境浦堰堤

4 （旧）清瀬弾薬本庫

小笠原村診療所と東京都小笠原保健所の間、大神山斜面の中に存在しています。現在は、入口部が落盤の危険にあって、金網柵で囲まれ立入禁止となっています。

一回目の赴任の際に中に入り調査をしましたが、コンクリートの仕上げ面は、どこの塹壕にも共通して言えることですが、昨日、打設したかのような見事な表面仕上げの出来映

弾薬庫内部

えで、セメントの質もさることながら、当時、構築に当たった兵隊さんの技術力を現代に伝えています。

また、照度も十分でない懐中電灯により、カメラの焦点合わせをして内部の写真を撮りましたが、照明により赤銅色に輝く銅板張面を観た時には、何処か異次元の空間に迷い込んだような気分になった想い出があります。そして、銅板張が単なる静電気防止のためなのか、それとも昭和四三（一九六八）年六月の小笠原返還時まで、米軍の特別使用目的のための格納庫であったのか！　などと想ったりするのでした。いや、こうした勝手な詮索はしないことにしましょう。

同内容には、「諸元：長三六、二七、一五メートル、幅五メートル、完成年：昭和八、ランクB、評価情報：三本のトンネルで構成＝第二・三トンネルに銅板張天井が残る（静電気防止のため？）＝当時例を見ない構造／アプローチは石トンネル」との記載となっています。

小笠原は、世界自然遺産の島となって自然のみに目を奪われがちですが、こうした土木遺産が、小笠原からのメッセージとして、多くの戦跡と共に大自然の中から現代に何かを問い掛けています。

これら各施設には、辿り着くまで薮こぎを必要とするとか、立入禁止施設とかで、対面は難しいものになるかと思います。

しかし、小笠原を訪れた際は、「旧清瀬弾薬本庫」以外について、是非立ち寄って先人の労苦に想いを馳せながら、見事なまでに自然とマッチングした姿を静かに眺めてみては如何でしょうか。良き旅の想い出として、脳裏に鮮明に残ること請け合いです。

特に、土木技術者の方は旧長谷橋に立ち寄って、当時の技術力の水準と共に残置したことの懸命な判断の素晴らしさを静かに観賞されたらと考えるのです。多分に訪れた誰もが、見入って「ほーッ！」と唸ることになるのではないでしょうか。それが、土木遺産たる証なのでしょう！

二　アオウミガメの産卵

小笠原諸島は、アオウミガメの日本最大の繁殖地です。毎年、三月下旬頃産卵のため成熟した親亀が小笠原諸島に回遊してきます。これらの親亀は、平均で体重が約一〇〇kg近くにもなります。小笠原では、二〇〇kgを超える雌亀が捕獲されたこともあるようです。回遊してきたアオウミガメは、三～五月頃、船で少し沖に出ると雄が上になって雌と交尾中の二匹が仲良く（？）上下に重なり、波間に漂うのを見掛けることがあります。

その後、五～八月頃に掛けて深夜、砂浜に上陸して、産卵することになります。こうした産卵時間は、約二十分（立会い時）ということもあって、なかなか、タイミング的に遭遇することは難しいようです。

テレビでは、上陸から産卵するまでの状況を一部始終、連続的に放映されますので、いとも簡単に観れるかのような期待を持ちますが、そうではありません。大塚の場合は、赴任していた際、仕事上で貴重な産卵に立ち会うことが出来ましたが、その状況をお伝えさせて頂きます。

小笠原母島沖港の外防波堤の内側には、見事な白い砂浜の「脇浜なぎさ公園」があります。この公園は、平成七（一九九五）年度から地元の強い要望に基づき、港湾整備事業（緑地等施設）として設置してきたもので、公園の一隅には「カメの産卵場」があります。

現在も、この整備事業は続いており（当時）、平成十五（二〇〇三）年度をもって一応の完成をみることとなっています。事業スタートから足掛け九年ともなり、要望された方、過去、事業に携われた方、共に大変にお疲れ様でした。

この施設を去る同年五月二八日夜、小雨の降る中でしたが念願であったアオウミガメの産卵に立ち会うことが出来ました。「産卵が始まりそうです。今すぐどうぞ！」という連絡を、知り合いから携帯電話に頂き、産卵場に一目散に駆け付けました。

正にグッドタイミング、着くと同時にカメも心得たもので産卵を始めてくれたのでした。約二十分という短時間の中で、九六個の卵を産み落としてくれました。ピンポン玉より若干大きめでしょうか。弾力性のある真っ白な球状の卵でした。

産卵時には、よく話に聞くカメの両眼からは涙が垂れていました。これは、産卵の苦しさから泣いているのでは（？）と思われがちですがそうではないのです。

カメの餌は、エビ・ホヤ・クラゲ・海藻等を食べているようですが、これらは多くの塩分を含んでいることから、体内に溜まった余分な塩分を眼の後ろ側にある「塩類腺」という所から出しているとのことです。塩類腺からは、海の中を泳いでいる時も、この濃い塩水が出ており、陸に上がると良く見えるので、泣いているように観えるのです。（※日本ウミガメ協議会）

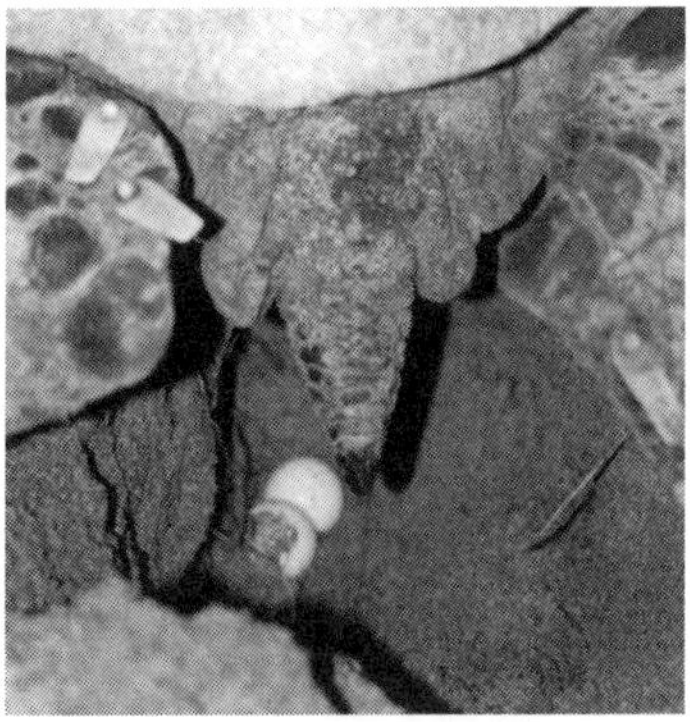

産卵時の状況

アオウミガメ 涙（？）
（日本ウミガメ協議会提供）

ふ化した直後の稚亀

産卵後、約六〇日間でふ化し、稚亀は水際に吸い寄せられるように海に戻っていきますが、立ち会いした時、産卵した卵は、同年の七月十八日にはふ化をして、元気一杯歩く姿も確認することが出来ました。

ふ化した稚亀は、何千キロといわれる日本近海を回遊する旅に出て、生まれた小笠原の浜辺を忘れることなく産卵のために戻ってきます。しかし、無事成長して戻って来るのは非常に難しく、一万匹の内で数匹程度の確率と言われています。

こうした自然のいとなみが太古の昔から、小笠原の砂浜で続けられているのです。

もう一つお伝えしたいことは、小笠原では年間許可のあった頭数に限って、捕獲して食用にするという歴史があります。

「えー！　亀を食べるんですか？」と驚かれるかと思いますが、ウミガメ漁は、捕鯨船の時代から盛んに行われており、その料理は刺身、ステーキ、煮込みとして美味しく頂くことが出来ます。赤身の刺身は珍味であり、煮込みは少し慣れないと独特の感触・匂いもあり食べるには少々抵抗があるかと思いますが、亀料理は小笠原の「島寿司」と共に郷土料理となっています。

また、二見湾の湾奥にある小笠原海洋センターでは、その建物の前の浜辺に産卵場所が設置されており、タイミングが合えば産卵の情景を見学することが出来ます。同センターでは、ウミガメの研究・保護・増殖を行っており、屋外の水槽では人工ふ化した子亀が飼育されて、見学も出来るようになっています。

世界自然遺産の島、宝石のような島「おがさわら」に訪島されて、是非ご自身の目で確認されたら如何でしょうか。幸運にもアオウミガメの産卵に立ち会うことが出来ればその方は、それは一生の想い出となることでしょう。

三　小笠原のお酒

小笠原諸島は、年間の最高気温と最低気温の平均がそれぞれ二五・七℃と二一・二℃という亜熱帯の海洋性気候の島々です。

このため、一杯飲《や》ろうということになれば、まず、冷えたビールとなります。いやいや「亜熱帯の島 小笠原で、常温ビールもおつなものですよ！」という人もおられたりして、その方のお顔、飲みっぷりが想い出されてきます。

そうは言っても、先ずはビールで喉を潤した後は、小笠原産の「緑」のレモンである「島レモン」の採れる時期であれば、その採れたて汁を少々垂らした風味豊かな焼酎の水割りとなります。それはそれは絶品です。美味しいの一言に尽きます。申し訳ありませんが、黄色のレモン味とは較べものになりません。なお、橙《だいだい》も風味付けに好んで使われています。

こうした小笠原という気候風土もあって、日本酒はそれ程飲まれていません。一般的な

二年なり三年の赴任期間、味を忘れてしまう人もいるのではないでしょうか。

今回、七月人事で赴任してきた新課長の土産持ちを頂いたくらいで、日本酒はお店の棚には並んではいるのですが「自ら買ってまでして飲もうという気にはなりません……」と、言い切ったりすると島の方、また、酒屋さんからお叱りを受けることになりますので、少々、日本酒のＰＲもしておかねばなりません。しっかり冷えた日本酒は、格別に美味しい！　とのことです。

ウイスキーは、アメリカ統治の時代の流れもあって、また、洋酒が安くなったということもあって、バーボンなどの高級酒が、水割りかロックでよく飲まれています。特に、バーボン酒の入ったダブルの水割りグラスを片手にベランダに出て、開放感の中で手摺に身を任せ、爽やかな海風が耳元を通り過ぎる夕べ、ゆっくり東京の雑踏を思い浮かべながら飲んだりすると、それは至福の時間となるのではないでしょうか。

そうしたことを味わうことの出来るお店が、島内には何軒かあります。人伝に聞いて、是非味わってみて下さい。大塚も赴任時代、何度か島を訪

ラム酒
700mℓ 2,200円（税込み）
※アルコール度数40度
価格は、販売希望価格
現在は、25度の“無人酒”もあります。

れる出張者と一緒に、楽しく二次会などで体験させて頂きましたが、こうした一つひとつの行動が望郷の念となって、慕情となっていくのでしょうか。確かに、東京では味わうことの出来ない異国情緒風の豊かな雰囲気なのです。

ところで、日本産のウイスキーは意外と多くは飲まれていません。これも、個人の主観ですが……。

なお、小笠原には、村おこしの一環として母島で製造されている「ラム酒」がありますが、値段が少々高い。また、飲み慣れていないということもあって、島で飲んでいる人を見掛けることは稀です。しかし、土産には物珍しさもあって、いの一番に推薦させて頂きます。贈られた方の感想「ほー小笠原で造っているの！」という驚きの声を聞くのも楽しいものです。結構、話がはずんだりします。

ラム酒は、小笠原最初の定住者であったナサリエル・セーボレーたちが、十九世紀前半捕鯨船の全盛を極めた時代、寄港船への取引物として提供していたとの記録があります。

島の居酒屋でバーボン以外にもラム酒を注文し、その入ったコップを掲げ、そして眺めつつ、一九〇年前に想いを馳せながら、おがさわらの旅を語り合うのも、良き想い出となって宜しいのではないでしょうか。

推薦しておいて申し訳ありませんが、赴任中ラム酒は「独特の味と匂いで、どうも！」という状況であったことは確かです。

さて、東京・竹芝桟橋から遠く一〇〇〇㎞の彼方にある小笠原、ある人は家族と離れて、またある人は恋人と別れて（？）人によっては、望郷の寂しさからワイワイガヤガヤと騒がしい都会の懐かしさを想って、一人静かにしんみりとグラスを傾ける、人それぞれです。健康にはくれぐれも留意して、長ーく！　お酒とは付き合っていきたいものです。

四　田折家総括録

大塚は、仕事の関係以外の休暇等で母島を訪れる際、母島唯一の集落である元地地区に多くの民宿が点在する中、立場上何処とは特定せずに色々な宿にお世話になっていました。その一つに、現在、小笠原絶滅危惧種の鳥類となっている「オガサワラマシコ」を冠した民宿「マシコ」があります。

この宿は、明治十二（一八七九）年九月に現在の田折直喜郎さんの三代前である田折幸太郎さんが八丈島から母島に移住して開拓を始めた由緒ある家系の宿で、宿泊させて頂いた建物は母屋ではなく別棟となっており、直喜郎さんの奥さんが食事時にはその賄をしてくれ、のんびりとした静かな憩いの一時を過ごせる宿となっています。

幾度か支庁赴任中は、宿泊させて頂くなどお世話になったのですが、その宿は沖港桟橋から眺めて集落の左奥、高台に位置し、宿の周りの一面は島レモン畑となって、花の時期にはレモンの香りが爽やかな海風に漂う最高の宿となっています。

昭和十九（一九四四）年の島民強制疎開によって、小笠原に関する貴重な資料のほとんどが紛失・消失している現在にあって、この田折家の母島入植当時の記録である「田折家総括録」は現存しており、その総括録に、入植時から明治三二（一八九九）年頃までの生活実体が克明に記録され残されているのです。その総括録は、昭和五五（一九八〇）年に「東京都指定有形文化財」に指定されています。

そして、別の小笠原を紹介する本には、当時の田折家一族一二人の貴重な集合写真が時の経過から原板は白みがかったものとなってはいますが、掲載されています。その写真を正月の時かと思われますが、誰が何時写したのでしょうか。自宅前なのか、羽織袴の着飾った姿で撮られています。

お一人おひとりの姿は、総括録に綴られた厳しい生活実態とは掛け離れた正装した姿で、さらに、女性は見事なまでに髪結いして凛とした格好で、当時の田折家の生きた証を後世の人々に伝え残そうとしたのでしょうか、それは見事に撮られているのです。

原板の白みがかった写真は、総括録と一緒に強制疎開の混乱期を乗り越え残されてきたのでしょうか。

また、総括録の記録は、原文に出来るだけ忠実な形で紹介した本が存在するのですが、当時の生活実体についてその一文を紹介させて頂くと、入植時の開拓の厳しさが克明に綴られています。それは、希望を抱いて入植した状況とは違って……、などと勝手に想像したりするのですが、以下のように綴られています。

「父嶋よりの来船を一日千秋の思いをなし、日々小高き山に上り眺め候得共、何時来るとも分からず、失望のあまり唯々運命を天に期し、餓死するも天命、生きるも天命と家族を慰めた。」との記述の件など、赤裸々な記述は田折幸太郎さんによるものでしょうか、貴重な内容の資料となっています。

是非、機会があれば、田折直喜郎さんとお会いし、伝えられている先々代の開拓の歴史をお聞かせ願えればと想っている次第です。

それにしても、戦時下強制疎開という混乱期を経て、よくぞ貴重な資料を残されていたものだと感嘆すると共に、当時、田折幸太郎さんが記述された資料を、お孫さんとなる先代の方が、おじいさんの記録した総括録を家宝として、梱《こうり》に入れるなどして懸命に持ち運びしたことが窺い知れます。その想い・姿が総括録の存在から伝わってくるのです。

内容から、日々の生活すること自体大変な中、夜なべをしながら、そして薄暗いランプのもとで一日を振り返りながら、懸命に記録を残そうと作業に当たったことは想像に難くないところであり、さらには、紙も満足にあったのでしょうか？　田折幸太郎さんの綴った行間から教養の深さを感ずると同時に、逞しく一家が生活されていた実体に想いを馳せるのです。さらには、集合写真を拝見して、何方が田折幸太郎さんで、そして、男性のお孫さんは写真からお一人のようですからこの方が先代と勝手に思ったりするのでした。

こうした母島開拓の歴史は、そして、一端とはなるでしょうが、帰島が許されて母島に戻っての再入植、そして、疎開から二十数年が経過し、自然に還ってしまった元畑地を再開墾することの懸命な労作業、田折さん含めた先人たちのご苦労された実体・功績を、是非共、誰かが現代に紹介しなければならないと考えるのです……。

「剣先山」からの母島「元地」集落

第三章　おがさわら体験

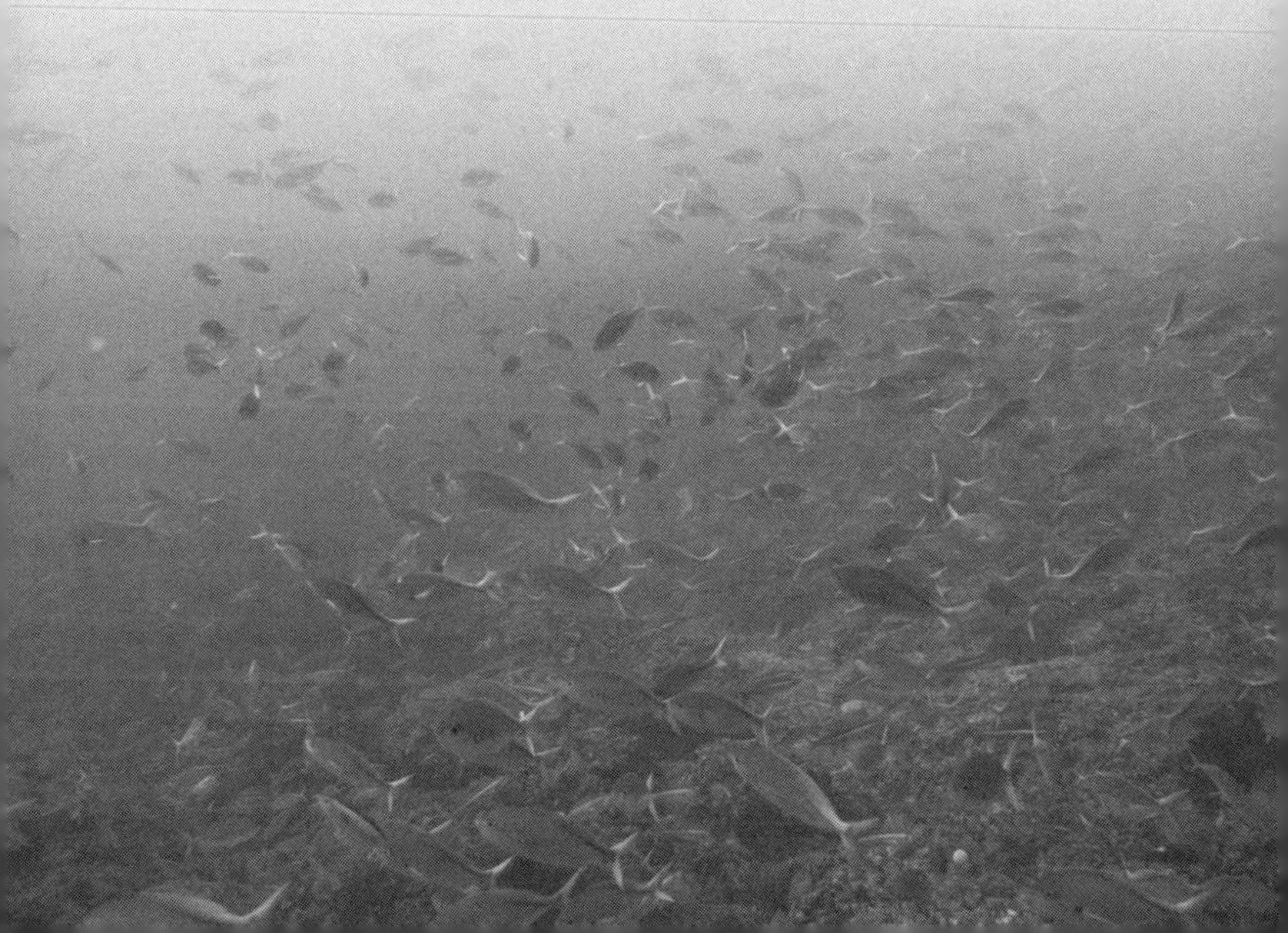

小笠原に赴任して多くを体験する、また、記録を残す中で紙面の都合上、一部とはなりますが、山行編から三題、ダイブ編から二題を抽出して、赴任時の想い出を紹介させて頂きます。

当時、休憩の度に記録した情景描写と共に経過時間もメモり、その時間も記載しました。今はその時間では歩けないでしょうが、コースタイムとして是非想像しながら読んで頂ければ幸いです。

一　「躑躅山《つつじ》」と「千尋岩《ちひろ》」

本内容は、父島を代表する二箇所を訪れた平成十六（二〇〇四）年一月二四日（土）九時〜十六時二五分の記録となります。

「ムニンツツジ」と保護増殖対策については、別稿で紹介しますが、ムニンツツジの里「躑躅山」、飛行場建設予定地であった「時雨山周辺域」とはどのような場所であったのかお伝えできればと思います。それでは、当時の記録です。

健康のことを考え、山歩きを少しでもと思いつつ暫く行けなかったのですが、日頃から仕事上お付き合いのある戸田さんにお声掛けをしたところ、「予定もないから行きましょう！」ということになって、二人して直ぐに千尋岩から高山に抜けるルートの偵察ということで、「千尋」行きが決まったのです。

また、戸田さんもこのルートは、意外と歩いてないようで都道巽《たつみ》線の先端から歩こう！ということになって、巽道路経由となりました。

巽から千尋へのルートは、アップダウンもあって結構大変なことから、躑躅山に行くだけであればともかく、千尋岩迄行くのであれば一般的には小港道路からわらび畑経由となるのが普通で、それ程使うことは稀なルートとなっています。「大変だ！　いやなルートを選択するなー！」などと身勝手に思いつつ同行者の希望に沿うこととしたのです。

さらには、赴任に際し小笠原に持ち込んだマフラーに穴の空いたエンジン音が鳴り響く大塚の車を使うのではなく、戸田さん個人のカーナビ付き外車で行くこととなって、九時職住下から、汚れた服装で助手席に座るには少し躊躇しての短時間のドライブとなりました。

また、車内で一月五日のダイビングの際に、ショップの太田オーナーから、躑躅山で固有種である狂い咲きした一輪の「オガサワラツツジ」を観たとの情報から、戸田さんにそのことを話すと、折角だから「是非！　是非！　観に行きましょう！」ということになったのです。

九時二十分、巽道路の終点に到着です。「こうした外車をこんな山奥の終点に駐車してイタズラされないだろうか！」などと、会話しながら早々に出発です。

淡々とした比較的平坦な旧軍用道路のルートを進んでいきます。朝九時台ということもあって、掘割り山道の赤色土の地肌に木漏れ日が差し込んできて眩い感じがします。どこか道端に「固有種の花なんか咲いていないだろうか！」などと、若干の期待を寄せせつつ、道の左右をきょろきょろ眺めながらとなります。

九時四二分、旧軍用道路と分かれて、躑躅山のルートに入ります。林を抜けると中海岸からの波音が遠方から聞こえ始めます。天気が良いこともあって、本日の写真撮影が楽しみです。早速、眼下には中海岸が見事なまでに観えています。斜面を少し登って、初めての休憩です。現在の位置関係について、戸田さんへの説明です。来た後方には、飛行場建設予定地であった所が、緑の絨毯《じゅうたん》の中に広がっています。

二見湾を眺めていると、戸田さんが懸命に話しかけてきます。一月十七日に海に出たのですが、その際に、湾内の係船浮標付近にクジラが入ってきたのだというのです。そんなことを、本日、お互いに天気に恵まれたことを喜びつつ、取り留めなく語り合うのでした。

そして、これから歩いていく衝立山方面のルートを視認して、「これから、かなりのアルバイトになりますよ！」と、戸田さんを脅かすのでした。確かに、幾度来歩いて来ているのですが、正直、これからまた歩くのかと思うとうんざりですが、全ては調査と健康のため、自分を鼓舞することとします。

行く方向を眺めると、母島が綺麗に海面上の薄雲の下にかすんで観えています。本日は、今のところ絶好の山歩き日和となって、躑躅山への登りも急登ですが、草付きで軽快に距離を稼いでいきます。本当に気持ち良い天候となっています。

十時十分、「躑躅山」といわれる頂上に到着です。説が色々あって、ピークが岩峰なのか何処か定かではないようです。眼下に水を湛える「時雨ダム」が観えます。

ここには、ツツジの移植作業で岩峰の直下に調査で幾度か来たこともあり、斜面の裸地が懐かしく感じられます。

遠くには、大村の集落が朝陽を浴びて光り輝いています。野羊山の頂から観た大村集落も綺麗ですが、ここから観る情景も勝るとも劣らないものとなっています。また、ダムの上を風に乗って羽ばたきせずオガサワラノスリが快適に飛んでいます。本当にのどかな風景で、ゆっくりと時間が流れていきます。

樹間を通り過ぎるザワ！ ザワ！ という風に枝葉が揺れる音

一部白い浜が「中海岸」

飛行場予定地であった父島東南部

が時々聞こえてきます。若干、風が出てきたようです。また、子山羊の母親を呼ぶ声が山並みに「こだま」して、遠くから聞こえてきます。母親の乳をねだっているのでしょうか。毎年行われている食害による野山羊の計画的な駆除作業によって、数が減ってきているとはいえ、まだまだ昔と変わらず色々な所で見掛け鳴き声を聞くことが多く、そして、生まれて間もない子山羊に出会うことがあります。

振り向くと、季節外れの固有種である「ムニンアオガンピ」の花が咲いています。

十時四八分、世界で最後の一本となったネットで覆われたオガサワラツツジの原木位置を通過し、足下の不安定な岩の斜面を注意しながら下って、奇岩「朝立岩」に到着です。ここで座り込んで休憩とします。原木のオガサワラツツジは、昔と違って枝振りが良くなっています。

昨年は、台風の大きいのが来襲しなかったこともあって、小枝が密集状に伸びて昔のようにいつ枯れてしまうか分からないという生育状況ではありません。これから三月下旬頃から五月にかけて、たくさんの真っ白な可憐な花を咲かせることでしょう。

朝立岩について、早速、同行の戸田さんが塹壕調査の開始です。ここには、過去一度しか入ったことはないのですが、何もないことを確認しています。監視壕なのか。また、何時の日か、この朝立岩の上に登りたかったのですが、今回もその時間も無く見合わせることとします。

なお、ほのかに期待を抱いていたのですが、残念ながらツツジの花の一輪は観ることはありませんでした。当然といえば当然です。一月五日に咲いていたという話は、狂い咲きでおかしなことだったのです。

先程より、風が強くなっています。来た道の斜面から、かん高い野山羊の鳴き声が盛んに聞こえてきます。近いということもあって、また、鳴き声が風に乗って騒がしいほどに聞こえています。

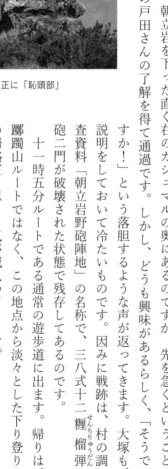

戦跡が、朝立岩を下った直ぐ右のガジュマルの奥にあるのですが、先を急ぐということで、同行の戸田さんの了解を得て通過です。しかし、どうも興味があるらしく、「そうですか！」という落胆するような声が返ってきます。大塚も、説明をしておいて冷たいものです。因みに戦跡は、村の調査資料「朝立岩野砲陣地」の名称で、三八式十二糎《せんち》榴弾《りゅうだん》砲二門が破壊された状態で残存してあるのです。

正に「恥頭部」

十一時五分ルートである通常の遊歩道に出ます。帰りは、躑躅山ルートではなく、この地点から淡々とした下り登りの帰路だと思うと気が滅入ってきます。

その分岐点を難なく通過して、平坦な稜線の遊歩道を快調に進んでいきます。当時は、しっかりした軍用道路が整備されていたことでしょう。それを物語るように、道端の山側の掘り込み二箇所に、車輪の付いた台車らしき物が朽ちて残存してあります。何の台車であったのだろうかと、二人して推測したりするのです。

西海岸行きの遊歩道に合流して、平坦な中腹に設置された山道をどんどん距離を稼いでいきます。時期的にも、本来ならば観ることの出来ない固有種の花も咲いているのでもなく、また、変化のそれ程ない無い普通の歩き易い遊歩道となっている山道を、時に切り株、倒木を跨ぎながら二人無口になって進んでいきます。

本日の「千尋岩」への目的からして、普段は最短の衝立山への直登ルートを選ぶのですが、変化を求めて初めてのコースから千尋岩行きの決断です。若干不安がよぎります。暫く前となるのですが、ガイドの井村さんがお客さんを途中まで案内してきて、ここから登っていけば通常のコースに出ることを説明していたということもあって、行くしかないというのが決断の理由です。

十一時二五分、単調さに飽きる頃、戦前、奥山さんという人が住んでいたという「通称『旧奥山邸』跡」に到着です。この場所は、見事なまでにガジュマルが成長しており、西海岸等こちらの方面の色々な場所に行くに際して、皆さんが休息する場所ともなっています。時には、ガジュマルの木根を結んで、急造のブランコにより楽しんだりも出来ます。

ここで、若干早いのですが腹もすいたこともあって、昼食です。戸田さんが、仕事に関係する内容を中心に、港湾課長として役に立つ会話（？）を、暫し、食べながら飽きることなくやり取りとなります。

昼食も終わって、さあーここからが登りです。だいたいの目的方向は分かるのですが、踏み跡がはっきりしません。直登すべき所を、三角形状に回り道をしたことになります。しかし、途中から、しっかりした踏み跡に出て、若干の草木を掻き分けながら淡々と進んでいきます。

十一時五五分、遊歩道脇にある旧日本軍の車両の残骸の場所に到着です。改めて写真撮影です。戸田さんが例によって盛んに感心しています。五トンクラスの搬送車とのこと、板バネがそれを物語っているのだというのです。なかなかの専門家です。

十二時、分岐点手前の塹壕、初めて中に入ることとします。いつも塹壕の上を通過しているのですが、今まで中に入ることはありませんでしたが、素掘りの塹壕です。反対側の出口部分もコンクリートが不足していたのでしょう。造りが粗雑な状態で今一です。

十二時三分、遊歩道を登り切った衝立山の稜線である二方向の分岐点に到着です。さらに、稜線沿いに遊歩道が延びています。ここは、昔、見事なまでに見通しの利く監視の軍用道路であったことが想定されます。

十二時五分、「衝立山電波警戒機」の残骸箇所に到着です。車両の残骸も脇に放置してあり、当時、電波警戒機を各所に運搬して使用したのでしょうか。アンテナもあるわけではなく、素人的には説明を受けないと何の残骸なのか定かではありません。何回となくカメラを向け、色々な角度から撮影してきているのですが、こうした戦跡は何回観ても新たな発見があって飽きることはありません。

十二時二十分、コンクリートの廃屋で監視哨なのか、朽ちることなくしっかりと建っている横を通り過ぎて先を急ぐこととします。

途中、淡々と平坦な樹間の中を歩き続け、急に展望が開けた所で、感嘆の声を上げつつ、高山方面から天之浦方面までの一八〇度の見事なまでのパノラマの利く場所で写真撮影となります。正面には、緑の絨毯、南崎の露出したラテライト質の地肌の赤、マリンブルーの海面と……。言葉では簡単に表現出来ない原色の強烈な世界が眼前に広がっています。本当にこの世の世界とは思われない光景です。

ハートロック上からの南島

十二時四十分、衝立山稜線を下って、真っ赤に剥き出しとなった地肌の通称「ハートロック」の上に出ます。

空には、大分雲が出始めていますが、未だ見通しも利いています。デジカメではなく一眼レフをザックから出して、三六〇度の情景写真の撮影です。バシャバシャ！　とシャッターの音が心地良く辺りに鳴り響いています。

なかなかここまで来る人は少ないのでしょう。十数年前は、踏み跡もなく大変であったことが思い出されてくるのですが、現在はガイドをはじめ多くの人が入ってきており、トレールもはっきりしています。

さて、ここからです。この地点を中心として、父島の南面となるのですが東西約二㎞に亘って断崖絶壁が続いています。本日の目的進路は、西の端部まで行くことです。その方向を眺めて観ると、かなりの労力と時間が要求されそうです。

十数年前から、数回トライしてきていることもあって、迷うことは無いと思うのですが、苦労することはみえています。また行くのかという気分になるのですが、戸田さんに「さあ、行こうか!」という気合の声掛けを、自分への鼓舞と共に行うのでした。

暫く振りとなる西端部「千尋岩」への歩きです。大村集落の居酒屋の壁に掲げられていた千尋岩の断崖絶壁の写真を見上げて、「小笠原にこうした場所があるのか!」と憧れたもので、是非、自分もそうした場所に行ってみたいし、そのアングルから眺めて観たいと思った頃を思い出します。

しかし、ここも十数年前と違って、踏み跡らしきものがはっきりしてきています。ハートロックまでは、ガイドによって比較的入って来れるにしても、ここまではと思っていましたが、ご多分に漏れず結構人が入っていることが窺い知れます。そうした踏み跡を辿ったり、外れたりしながら懐かしいトレールを踏みしめていきます。

　地帯標の手前の斜面では、十数年前まではそれほどの亀裂が進んでいなかったと記憶していますが、改めて今回覗き込むと、数メートルはあろうかと思われる亀裂で深さ・幅もあって雨などの侵入によって広がりつつあるようです。近い内に何かの弾みで、

地帯標

大規模な崩落となることが想定されます。断崖絶壁の内側の歩く所は十数年前と同じで、自然とそうした場所をルートとして選び進んで行きます。

　十三時十五分、旧陸軍の地帯標に到着です。何回この場所に来たのでしょうか。また、どんな気持ちで当時の兵隊さんたちが、この場所に地帯標を設置して眺めたのでしょうか。そんな感慨に耽《ふけ》ってしまうのでした。地帯標には「昭和十六年一月十日陸軍省」の刻印が読み取れます。

　直下で野山羊がゆっくりと草を食べています。人がここに来ることは稀なのでしょう。警戒もしないで、ポカポカ陽気の中で「何ですか、食事の邪魔をしないで下さいよ！」と言いたげにこちらを振り向きつつ食事を楽しんでいます。

　ハートロックから、ここまで三五分で来てしまいました。一時間はかかると思われた行

程です。意外に近かったことに驚きです。慣れていることもあって、最短コースで来たのでしょう。直ちに、千尋のいわれの写真が撮れる場所に向かうこととします。

早々に戸田さんから「次は、高山との間に出来た鞍部の踏破をやろう！」と、元気一杯声を投げ掛けてきます。戸田さんは、今回の目的はそのための偵察でもあるというのです。端部の端部まで行って、鞍部下を覗き込むなど、踏破のためのルートファイティングをしています。聞くと戸田さんは、昔、社会人山岳会に入っていたこともあって、それなりの登山技術を持っているとのこと、さすが、歩くことにも疲れを知らないようです。

スパッーと切れ落ちた絶壁の情景写真の撮れる場所で、一眼レフにより、アングルを最大限考慮して足を踏み出し、恐る恐る写真撮影です。確かに見事なまでの絶景です。過去、岩などの登攀《とうはん》経験はあるとはいえ、違った怖さです。

振り向くと、戸田さんが斜面下に向かって背伸びする危ない格好で覗き込んでいます。こちらを向いて「やばいですよ！」という声を投げ掛けてきます。「くれぐれも注意して下さいよ！」と大声での返答となります。確かに、下を観ると正直、自然と体が震えるのが分かります。

本日の目的を達し、二人合流して戻ることとします。来たルートをそのまま同じ所を歩くのも能が無いので、若干コースを変えつつ、また、そうした中で踏み跡を振り返りつつ歩くこととします。

「千尋岩」の断崖絶壁

その都度その都度、振り返る情景も変化があって、時にはカメラのアングルを考慮してシャッターを押したりします。足下には「セイロンベンケイソウ」一名《いちみょう》「ハカラメ」とも「提灯花」ともいわれているのですが、綺麗にピンク色の花を付けています。間もなく小笠原の至る所で咲き誇ることとなる花ですが、今年初めて観るハカラメの花です。ついつい写真撮影となります。

十三時四五分、ハートロックの上に戻ります。空はいつの間にかモヤがかかってきています。そして、周りが絶景ではなくなってきています。しかし、ここまでの往復時間が短時間であったことに驚きです。距離からすれば、また、歩く速さからすれば当然といえば当然なのかも知れませんが、二人して健脚そのものです。

ハートロックの上に設置された「公共基準点」の確認です。十数年前の前回の赴任の際に、当時、主任であった今は亡き「近藤利孝さん」と一緒に設置したものです。全国に先駆けて、GPSを採用した測量技法により設置した基準点です。ついつい、こうした基準点を観ると当時を思い出してしまいます。

午前中は見事な天候であったのですが、雲が出始めて、風も時々から継続して吹くようになっています。

　十四時三十分、衝立山の稜線経由で分岐点に到着し小休止をとります。

　分岐点からは、来た道を変えて、そのまま急斜面の踏み跡を下ることとします。踏み跡とはいってもそれなりにトレールがついており、コースを外れることはなさそうです。十数年前は、ここまで踏み跡がはっきりせず、沢筋なり衝立山の斜面を、苦労して上り下りをしたものです。

　十四時四五分、斜面を下って、西海岸行きの遊歩道に出ます。休息をとることなく淡々と歩き易い平坦な遊歩道を、たわいのない会話を戸田さんと交わしながら進んでいきます。

公共基準点

同　鋲

　十四時五十分切り通し部の通過です。抜けると二見湾方向から爽やかな風が耳元を通り過ぎていきます。若干の汗が出始めており、すこぶる気持ち良い状況です。

　十四時五八分朝立岩下の分岐点に到着です。小休止してから、うんざりすることが想像されるたらたら道の下り登りの遊歩道に入ります。案の定、何回となく歩いてはいるのですが、正直、閉口です。オガサワラビロウの落ち葉が遊歩道上をかなりの量で覆っており、滑り易くなっています。特に、単調な登りの部分では、疲れが重なり、歩くピッチは落ちないものの同行の戸田さん共々極端に口数が少なくなって、黙り込んでの歩きが続くこととなります。

十五時三十分、躑躅山への登り口の分岐点まで来て、ようやく変化の無いトロトロの登りとはおさらばです。最後の小休止をとり、のど元を通る飲料水を流し込み、正に命の水、疲れた体を癒してくれます。

最後は、本日の案内も兼ねていたこともあって、遊歩道からそれて時雨山の飛行場予定地であったその東北端の地点迄登って、戸田さんに当時の飛行場の建設概要の説明です。「ほー!」などと感嘆の声を上げながら、静かに感心して聞いてくれています。

十六時、都道巽線の終点の車置き場に到着です。十六時二五分、快適な車で最後自宅まで送って貰って、長かった一日の終わりです。いやいや、本当にお疲れ様でした。

二　母島「石門」と「乳房山」

母島は、遊歩道沿いに多くの小笠原固有種の花を、それも四季を通じて代わる代わる観ることが出来ますし、景観的にも絶景ポイントが至る所に存在します。それでは、母島の二つの代表的地域の紹介となります。

1 石 門

これは、平成十五（二〇〇三）年三月二八日（金）五時五五分〜十時五十分の記録となります。

今回の石門行きは、昨年七月一日から、母島沖港船客待合所の建替えのために建築職として、本庁から監督のために赴任してくれている本木さんに、是非共、最後に小笠原を代表する地域の「石門」を一度観て頂こうとなって、急きょ企画した山行きです。

また、三年の赴任期間、小笠原に居て石門には行ったことがないという谷口さんから、是非同行させて貰いたいとの要請もあって、民宿経営で母島のことに詳しい「丸さん」に案内人をお願いし、本木さんが十二時のははじま丸で帰京するということで早朝五時五五分の出発となりました。

都道北進線の猪熊谷トンネルの手前、「石門入口」表示案内板付近の道路端に駐車をしての入山です。個人的には幾度来入っているエリアですが、季節によって変化もあり折角の機会、新たな発見を求めてとなります。

先ずは、「マルハチ」などの固有種の木性シダが頭上数メートルを覆って、特別な異空間を醸し出している場所を通過します。小笠原で木性シダの植生地は数多くありますが、谷間で左右の両斜面から覆い被さるように生えているシダの空間、アングル加減といいこの写真が撮れるのは小笠原でもここだけというポイントの通過です。

かなりの急斜面の登りで、皆さん天を覆うシダ類で薄暗くなった上を時に見上げながらゼーゼーハーハーの息づかいとなっています。

天を覆う木性シダ類

少し行くと勾配も幾分緩やかとなって、標高四四三・五メートルの堺ヶ岳手前の斜面にシダが一面に生えている畑風の所があります。
そこで、丸さんからシダの名称の説明です。一般的な「ユノミネシダ」とのこと、シダの名称を専門的にいわれても、皆さんピン！と来ません。また、「リュウビンタイモドキ」の説明を受けるのですが、リュウビンタイモドキは固有種で、「リュウビンタイ」は広分布種とのこと、名称的に固有種と広分布種が反対のような感じがしたりするのですがそうでもなさそうです。
シダの群生地から暫く行って、石門方向への踏み跡から、特別に丸さんの計らいで右奥に入って二〇〇メートル程行った付近に、「セキモンノキ」が存在して、待望の花を観ることが出来ると共に、撮影となりました。
案内人の丸さんは、小笠原総合事務所国有林課から、実の採取を受託しており、そのために採取に当たって工夫もしているとのことで、貴重種を紹介して頂くと同時にそうした貴重な作業状況の説明も受けることも出来、誠に幸運でした。

訪れる度に新たな発見があって新鮮です。石門地域は、植物などに興味のある人にとっては最高の場所ではないでしょうか。

堺ヶ岳に登る分岐点で一息つきます。行き手後方には、乳房山が綺麗な流線形を描いて観え、正に乳房の形となっています。

昨日の天気予報では、夜半から雨になるとのことでしたが、薄雲りがかっているのにそのような天気になる気配はありません。

崩壊の状況

軽快に歩みを進めて、石門地域に入る手前の右肩斜面の大規模崩壊が目前に迫って来ます。こんなに崩壊が進んでいたのか（？）改めて状況に驚くと共に、丸さんに尋ねると、この崩壊によって、二箇所あった鍾乳洞も一箇所は消失したのだというのです。
石門地域は、学術参考保護林であり、そうした貴重地域の崩壊が進むのは自然発生的とはいえ残念でなりません。この学術参考保護林は、小笠原の固有植物等の保護を目的とした保護林で設定は古く、大正十五（一九二六）年には石門山及び桑ノ木山において学術参考保護林に指定されています。

今回の石門行きで、丸さんから他にも多くの植物の説明を受け、確認と共に写真撮影となりました。しかし、接写ともなって、残念ですがほとんど上手く撮れていません。「ムニンシュスラン」「オガサワラシコウラン」「セキモンノキ（雄花）」「アカテツ」の板根、「シマホルトノキ」「オオヤマイチジク」（島名：ヤマイチジク）「セキモンウライソウ」「ムニンミゾシダ」（一名：オオホシダ）「ユズリハワダン」「コヤブニッケイ」「シマウツボ」などの説明を順次受けていきます。

シマホルトノキ

特に、コヤブニッケイの花は、丸さんでもなかなか観ることはないのだというのです。他にも、それなりに写真は撮れているのですが、一部のみを記載させて頂きました。説明を受けつつ、記録も曖昧の中で写真を撮り続けたこともあり、植物の名前とその写真が判然とせず残念です。多分に、貴重種が入っていたのではないでしょうか？

それ程起伏の無い石門地域を一周するように、観るもの全てに関心を示しつつ歩みを進めていきます。石門一体が石灰質の地質であり、所によっては尖った独特のラピエ状の岩があったり、昔大木で伐採されたオガサワラグワの根株が迎えてくれたりします。

ここで、支庁の秋田さんから頂いた「オガサワラシジミ」の写真です。秋田さんに、過日、興味のあることをお伝えしたところ、ご自身が撮ったものか定かではないがと前置きされて、固有種「ツルワダン」の花に止まっている写真があるからとフロッピーディスクに入れて、わざわざお持ち頂いたのです。あわよくば観たい、自ら撮影したいなどという願望は無理というものでしょうか……。案内人の丸さんも最近、観ないな！　というのです。

オガサワラシジミについては、令和二（二〇二〇）年八月二八日付、朝日新聞記事によれば「国の天然記念物で、二年間ほど島での生息が確認出来ていない。『絶滅危惧ＩＡ類』に分類されている。日本産チョウの絶滅第一号となる可能性がある」との記載内容です。

オガサワラシジミ

続いて、石門の北端部から、東港の建設状況を確認です。天候は、薄曇りであるのですが遠望が十分で無いにしても、西台の突端の稜線を望むことも出来ます。

戻りの堺ヶ岳の中腹の踏み跡は、登りは起伏もあり疲労が激しいのですが貴重固有種を至る所で説明を受けつつ観ることが出来、かつ目を奪われて疲れもそれほど気にならない状況となっています。

十時五十分、都道の駐車地に、全員無事に戻って一安心です。心配した大塚自身の膝痛も何とか持ち堪えてくれ、同行者の皆さん、名ガイド丸さんの案内に感謝です。

2　乳房山

これは、平成十五（二〇〇三）年十一月二二日（土）八時十五分～十一時五五分の記録となります。

母島の標高四六二・六メートルの「乳房山」は、元地集落から山道を時計回りの場合、往復約四時間弱の行程もあって、島を訪れた際は四季折々に咲く固有の植物などを至る所で観ながら、気軽に登ることの出来る山です。特に、父・兄島の乾性低木林と対比して母島の湿性高木林は、母島ならではの特有の植物を確認出来る山域でもあるのです。

なお、反時計回りの道を登ったこともあるのですが、頂上乳房山迄の山道が長くなることもあって、特別な場合以外は、選択することはありません。本日は、通常の右回りでの乳房山行きとなりました。

時期的にも十一月という時期は、多くの固有植物の花を観察出来ることもあり、また、十一月の気候、朝、雨が降り出しそうでしたが暑くもなく、雨に遭わなければ絶好とはいえないまでも登山日和となりました。

八時十五分、若干心配しつつ空模様を眺めながらの出発となって、見慣れた山道を淡々と登って行きます。

先ずは道端に固有種の「ムニンシュスラン」の花です。幸先が良いのか、これが、ムニンシュスランです！　得意気に説明しながら、ひっそりと遊歩道斜面に咲く花を眺めながら進んで行きます。注意しないと見過ごしてしまいそうな質素な固有種です。

八時三十分、第一休憩地点であるパーゴラの下に到着です。心配した小雨がパラつき始め、程よく休憩を兼ねてパーゴラの下に入ります。

本日の同行者は、職場の上司の案内ともなりました。年齢的にそれ程変わらないのですが、初めてということもあってゆっくり目に登って来ているのですが山登りは強そうです。自分など東京生活で弱った足腰のため、二回目の赴任で登り慣れたはずの乳房山でしたが、赴任早々の乳房山はゼーゼーハーハーで辛かったものです。

ムニンシュスラン

そうしたこともあって、ゆっくりと、そして淡々と世間話をしながら整備の行き届いた遊歩道を、また、時に周りの景色を楽しみながら登っていくのでした。その遊歩道沿いの木の枝には固有種の鳥である「メグロ」のための水飲み場も設置されおり、時にはそうした場所でメグロに遭遇することも出来、素晴らしい自然観察の遊歩道となっています。

九時十五分、第二休憩地点である中腹の第二のパーゴラに到着です。遊歩道ということもあって、こうしたパーゴラが適切に整備されており、登りでそろそろ休憩をしたいという頃にはタイミング的に「さあ！　休んで下さいよ！」と言わんばかりにパーゴラがあって、山登りには至れり尽くせりです。

さらには、固有種「シマウツボ」の案内板があって、上司も観たことが無いというので、付近をガサガサと入って探すのですが残念ながらそれらしき植物は見当たりません。小笠原植物図譜によれば、十一月のこの時期、花・実のどちらかに会えるはずなのですが？

代わりに、遊歩道に張り出すように観て下さいよ！　と、固有種の「テリハハマボウ（島名は、イチビ）」が咲いています。一般的に本来の色は黄色ですが赤みがかって、これまた綺麗です。また、途中「シマザクラ」も見掛けるのでした。

頂上直下では、ハハジマノボタンが咲き終わって実を付けた群落を通り過ぎます。花の時期は七月、花弁五枚のピンクの花が遊歩道沿いを一面に、それはそれは見事なまでに咲き誇っています。父島の花弁白色四枚の「ムニンノボタン」と対比して、ハハジマノボタンの花弁は五枚、母島を代表する固有種です。咲く時期も過ぎ、花を観ることが出来ないのが残念です。

九時四五分、乳房山の頂上に到着です。着いた途端、沖港に入港の「ははじま丸」の到着を知らせる汽笛が山全体に反響して聞こえてきます。上司も、初めての乳房山ということもあって、感慨に浸っています。頂上は風がかなり吹いています。そして、曇り空で若干ガスっているのですが、遠望は利いています。

乳房山の標高は、四六二・六メートルあって、父島の最高峰より一四〇メートル程高く、洋上の島特有の山頂付近を雲が覆っていることが多く、霧が掛かりやすい主稜線部となっています。正に、当日は雨のパラつく曇り空でもあったのですが、そうした典型的な気象状況となっていました。

頂上直下の北側斜面では、固有種「タコヅル」の群落がガスった中で水滴に浴しており、さらに、下りの乳房山山稜線には、固有種であるキク科の低木「ワダンノキ」が一面に咲

テリハハマボウ

シマザクラ

ハハジマノボタンの実

母島船客待合所

東　崎

き誇っています。

下りの中腹途中、平らな所で「キバンジロウ」が実を付けています。父島にも至る所に林があり、黄色に熟する一月には多くの種を内包して食べる部分は少ないのですが、くだものとして美味しく頂けます。実は、グァバを小さくしたような形状で、赴任中黄色に熟した大きなものを選んで美味しく頂きました。

山腹途中からは、雲も取れてきて「東崎」及び南崎・向島などの属島が遠望出来ます。振り返れば、母島の東面斜面が、特に、石門の崩落部が荒々しく観えています。

剣先山の手前の遊歩道脇には、戦跡の「三連機関砲」の残骸が、当時のまま残置されており、母島の島全体が要塞化した島であったことを思い出させるのでした。そして、固有種の「シマホルトノキ（島名：コブノキ）」が、母島観光協会の説明案内板と共に迎えてくれます。

下りの遊歩道から少し寄り道をして、元地集落が眼下に見える標高二四五メートルの「剣先山」に寄って急斜面を下ります。十一時五五分、時計回りで素晴らしい遊歩道を淡々と下って、元地の集落に到着です。

今回の乳房山は、多くの固有種の花の確認ともなりましたが湿性高木林ということもあって、木々の間に多くの貴重な植物を、一年を通じて代わる代わる観ることが出来る山域で、次回の山行も楽しみです。

新装なった「母」をイメージしたピンク色と白のツートンカラーに塗られた「船客待合所」を観ながら、そして、ははじま丸の船上から沖港と乳房山方面の山稜を眺めて、また登ることを決意して、母島を後にするのでした。

三　「聟島《むこじま》」「北之島」でのダイブ

大塚は、港湾課長という立場もあって業務上の観点から、スクーバダイビングのライセンスを必要と考え取得し、仕事を含めて活用したのです。本ダイブは、平成十五(二〇〇三)年十月十一日(土)〜十二日(日)、一泊二日で訪れた小笠原諸島最北端の島、聟島と北之島でのダイビングの記録となります。

① 十月十一日（土）晴天

九月十五日のダイブで「水玉湾とワシントンビーチ」に行った際、ダイビングショップの太田オーナーに「十月に一泊土・日で聟島列島に行きますから大塚さん行くでしょう！楽しみにしていて下さい！　検討していますから！」と、一方的に言われてから早いもので、約一箇月が経とうとしていた。

しかし、当日近くになって天気図上、小笠原列島を横断するように前線があって、毎日のように雨が降り、さらには風が吹くという状況が二、三日続いており、本日も夜明け前、かなり風が吹いて雨は土砂降りの状況であった。そうしたこともあって「中止になってしまうのかなー！」と思いつつ、気をもんでいたというのが偽らざる気持ちでした。

このため、一応、早目に起きて先ずは一泊二日の泊り支度の用意をし、外に出て空を仰ぎ、また風具合の朝の様子見に始まって、さらに七時過ぎにショップに電話をして、行くかどうか確認するという状況で迎えたのでした。

予定どおりとなって、「さあ、行くぞ！」の気合を入れて一日のスタートとなったのです。

今回は、シーカヤックを楽しむメンバーの企画で、自分はそのフロクということでダイビングをするということになったのです。とはいえ、お声掛けを頂き本当に有難いものです。

このため、八人のためのシーカヤックが、船に昨日積み込まれており、船内の通路は足の踏み場に苦労するという状況で、二見漁港「公用岸壁」に八時集合、八時二十分説明、八時二三分出発となりました。そして、今回の案内メンバーは、オーナーの太田さん、インストラクターの花園・清田さんの三人です。

早速、太田さんから「これなら大丈夫、前線も上（本土方面）に上がって波も落ち着いてくるので、天気は大丈夫ですよ！」と、ニコニコ顔のアナウンスです。また、「この時期は、普通一泊で行けるようなことは無く、波もあって航行そのものが厳しいんだよ！」との説明が付け加えられます。このため、太田さん自身が、今回の企画の実施を心配していたのだというのです。

いずれにしても、初めてとなる一泊二日での四ダイブ、楽しいものとなることを祈るしかありません。本日は、八人がシーカヤックで聟島の島々を、大塚だけがダイブとなり、明日は八人のうち四人がダイブで外のメンバーはシーカヤックオンリーなのだという。

さて、二見湾はいたって波静かとなっています。軽快にダイビング船はエンジン音を高めながら波を切っていきます。

夜半まで雨が降っていたこともあり、先程まで曇り空でしたが、大分雲が取れてきて、いつものように日差しが強くなってきています。本当に土砂降りであった数時間前が嘘のようで、小笠原特有の亜熱帯気候に大きく変化してきているのです。船内では皆さん、思い思いのくつろいだ雰囲気で一泊二日の聟島行きを楽しんでいます。

父島列島の島影を抜けると、さすがに波が高くなってきて、途中うねりが三メートル近く残っており、船体が時々大きく左右に揺れることとなります。父島と聟島の間には、潮通しの関係で、こうした波が高くなる箇所があるのだというのです。

二階のデッキに居たこともあって、今回のスタッフでもある花園さんが近づいて来て、聟島周りのポイントについての説明をしてくれます。全体的に列島周りはドン深で、潮の流れが速くダイブには難しい場所が多いのだという。

六月頃は、比較的安定しているのですが、それ以外の時期の海嘯《かいしょう》模様は安定することが少なく、今回の企画は季節的には大胆であるとのこと。ダイブポイントは四箇所ほどを考えており、花園さん自身もこの時期の聟島界隈をそれ程潜っていないようで楽しみにしているようです。

針之岩

正面に聟島が迫ってきました。島影なのか、波が若干小さくなってきています。前線が聟島から離れて、本土の方に北上していることも好結果を得ているのでしょう。カツオドリが先程から挨拶に何度も来て、船に向かって飛来し首を傾げては「遠くまで、何しに来たんですか！」と問いかけているようです。

針之岩が、先程まで一つの大きな島のような形をしていたのですが、島の真横に来て、名前の如く、針が林立するような岩形状となってきています。如何にも男性的で幾度も大塚は訪れているのですが、いつ来ても異次元の世界に突然来たような感じがします。本当に素晴らしい地形です。こうした針の形状は永年の海蝕作用によるものですが、これらの地形は何時いつまでも残したいものです。

　先程まで島の横を通過していた「嫁島」も遥か後方となっています。本日の船の待機及び係留場所は、聟島の「小花湾」であるとのこと。湾付近はともかく、島全体が平らな島で、針之岩に較べて、女性的でソフトな感じがします。別名「平島」とも呼ばれる島ですが、改めて島の全貌を観ると、水際線に白い砂浜らしき場所が三箇所あります。聟島以外の島は、野山羊の食害によって、地肌が至る所むき出し状態となっているのですが不思議と聟島は立木はほとんど無く芝状の緑に覆われて綺麗です。

　湾に向かって右側に見慣れたコニーデ型の山が迎えてくれます。いよいよ小花湾に到着です。直ちに船からシーカヤックを下ろして、「待ってました!」とばかりに、早々にカヤックのメンバーが出発していきます。

シーカヤックのメンバー

コニーデ型の山（聟島）

一日目、最初のダイブメンバーは、当初の予定を変更して、大塚を入れて五人です。ポイントは、聟島鳥島の五〇〇メートル程の沖合にある「サワラ根」という場所とのこと、カヤックメンバーを見送り、早々にポイントに向かいます。島影を離れるとウネリにより船体が影響を受け、若干揺れることとなります。

インストラクターの説明です。ここでは、四つの浅根があり、その周りにナメモンガラ、ソフト・ハードコーラル、ウメイロ、クマザサハナムロ、シロワニ、カノコイセエビなどが観られるのだという。そして、最後にエアーが五〇kg／cm^2の残圧となった時に、その旨をインストラクターに告げることの指示です。

十一時四十分潜水開始となったのですが、さすがに透明度はすこぶる良い状況です。根の間には、ソフト・ハードコーラルが辺り一面びっしり岩着しており、初めて観る情景です。これほどまでに密生しているとは驚きで、魚影も異常なまでの量となっています。それには圧倒されるばかり、そうした中を一メートルを超そうかと思われるイソマグロが我々の目の前を王者の風格を漂わせゆっくり、そして悠然と通り過ぎていく様には圧倒されます。

写真をと、ついついカメラを向けるも、通り過ぎた後シャッターを押しています。外には、ウメイロ、ウメイロモドキ、タカサゴなどの魚が根の間を一定方向に群れて泳いでいます。

一ダイブの状況は、時間十一時四十分~十二時二五分で正味四五分間でした。エアーは、何時も消費の激しい自分のことを知ってか、大盛りサービスでタンク詰めをしてくれているのですが、本日は二一〇kg／㎠と少なく、消費は二一〇→三五kg／㎠、水温二七℃、透明度は横方向はそれ程ではなかったのですが、縦方向は四〇メートルくらいでしょうか。最大水深は、約二五メートルでした。なお、通常どおり、水深五・〇メートルで安全停止三分間です。

船上に上がると、水平線に雲があるのみで上空は綺麗に雲が取れてきています。太陽光線が、心地良い風のもと降り注いでいます。海上の波も、前線がどんどん北に上がって、聟島列島から遠く離れていくのか、静かになってきています。

昼食は、各自用意したものとなって、思い思いの格好で遅くなった昼の休憩を楽しんでいます。昼食後、カヤックのメンバーが聟島を一周していることもあり、偵察を兼ねて、様子を見るべく島を一周することとなりました。また、二ダイブ目を島東面の「蛸岩《たこ》」でという案もあったことから、そうした場所の偵察も兼ねていました。

一周には十三時三五分～十三時五七分の間、約二十分を要し、聟島の東面はかなりの波高で、特に蛸岩などは、波が上がって見え隠れしています。後で聞いた話ですが、結局は波が高過ぎて、カヤックは島一周出来なかったとのこと、しかし、近くで観る針之岩の様相は、荒々しく本当に素晴らしい景観です。

偵察を兼ねて湾に戻ってきたのですが、二ダイブ目は小花湾入口南東側の「ボウタ根」となりました。ここでは、ミナミイスズミ（ササヨ）、コハグロハギ、キボシスズメダイなどの魚が観られるのだという。

二ダイブ目の状況は、エアー消費は二〇〇→五〇kg／㎠、十四時十分〜十五時五分まで、正味五五分間の潜水時間となりました。長く潜れて得した感じです。水温は、午前中と同じ二七℃、透明度は四〇メートル程度でしょうか。最大水深は、約二〇メートル程で、何時ものとおり、水深五・〇メートルで安全停止を三分間を行います。潜水状況は、一ダイブ目と同じで、本当に透明度もあり綺麗です。

父島列島の海もそれは見事ですが、聟島列島はさらに素晴らしく、父島に較べてこれ程まで違うかと思うほどです。魚影が濃く、ウメイロ、ウメイロモドキ、カッポレなど、魚群が凄いの一言です。

一ダイブ目は、ソフト・ハードコーラルがびっしりで、カメラのシャッターを押し続けたのですが、二ダイブ目は小魚がびっしりで、同様にシャッターを押し続けることになりました。本当に聟島（ケーター島）の海中は、見事で特別な世界です！

気が付くと空は、雲が広がっています。カヤックのダイブをした若いメンバーは、蛸取りに早々に出掛けて行きます。他のカヤックメンバーも、順次、戻って来ています。

花園・清田さんの二人は、タンクを背負って、船体のクリーニングを始めています。十一月にはオーバーホールをするのだというのですが、最近とみに船体に色々なものが付着して走行性が悪いのだというのです。

太田さんは二階のデッキで、本日の宿泊の準備でテント張りに入っています。「お手伝いをしましょうか！」と声を掛けると「ゆっくり自分でやりますよ！　大塚さんは、コーヒーでも飲んでいて下さいよ！」と言われてしまうのでした。仕方なく、やることもなくぼーッ！とさせて頂くこととします。

時々、船体を吹き抜ける風が、耳元を通り過ぎていき非常に心地良い感じです。日が落ちるのが本当に早くなってきています。十六時頃になると、うっすらと暗くなり始めます。花園さんによる美味しいカレーを夕食に頂いて、早々に寝ることとします。ダイブには、睡眠が一番とのことです。夜更かし・深酒は厳禁となっているのですが、しかし、カヤックの皆さんは、一階で日本酒などを中心に楽しんでいるようです。

太田さんは、カヤックメンバーが出発時、酒類をどんどん船内に持ち込むのを見て、何をしに行こうとしているのか呆れていました。さすがに一階の宴会の真上に寝ていることもあって、話し声でなかなか寝付かれなかったのですが、しかし、寝返りを打ちながら夜を過ごして何とか朝になったというのが正直な気持ちでした。

②　十月十二日（日）晴天

やはり洋上は風が吹きます。宴会の話し声もありましたが、夜半の強風により、覆ったテントがバタバタと音を立ててウトウト状態で熟睡出来る状況ではありませんでした。しかし、雨が降るような気配もあったのですが、降られずに助かりました。太田さんが言うには、「雨が降ったらテントを叩く雨音で全く寝れるような状況ではありませんよ！　良かったですねー！」とニコニコ顔で話し掛けてきます。

五時三十分一人一階デッキに降りて、太陽による聟島の移り変わる幻想的な姿を眺めることとしました。本当に太陽光線に照らされて、日中でも尖った荒々しい岩峰群はこの世のものとは思われない異空間の様相を呈しています。早朝の島の姿は、また格別です。それが、刻々と色鮮やかに変化していくのです。見事というしかありません。

夜半まで吹いていた風が嘘のように収まってきていますが、未だ、一部は残っていて、肌を心地良くさせながらその風が通り過ぎていきます。早朝ということもあるのですが、徐々にメンバーが起きてきて、コーヒーを飲みながら歓談する人、気持ち良さそうに海に入る人、それぞれ思い思いの中で静かな一時を楽しんでいます。

振り向くと、属島の「鳥島」の上にはカツオドリが相当数飛来しています。時期的に巣立って、間もなくすると一部残留するものを除き南方に移動し、その代わりに、クロアシアホウドリ、コアホウドリがアリューシャン列島から飛来して営巣・子育てをするのだというのです。

太田さんから「アホウドリが、聟島を含めて父島に居付けば、凄い観光地・資源になるでしょうね！」と、期待を込めた言葉が返ってきます。現在でも、一部の人が、聟島・鳥島のコアホウドリ及びクロアシアホウドリを観に上陸しているのだというのです。確かに、大型の鳥を、小笠原で観ることの出来る唯一の場所であり、景観的に素晴らしい場所となっています。しかし、ルールをしっかり決めて観光開発をしていかないと、荒らされるだけで心配です。

また、本島の浜の直上には、船の残骸らしきものがあります。昔、小花湾に嵐を避けてアンカーで待機していた漁船が、もやいが切れて浜に打ち上げられ破壊したのだというのです。そうしたこともあって、現在では、湾の入口にしっかりした係留ブイが設置されています。本船も係留しているのですが、ブイが四箇所設置されているため、安全な停泊係留が可能となっています。

磯に先程まで白波が被っていましたが、その波も大分落ち着いてきています。こうした海のど真ん中にある小さな孤島に太陽が昇っていく様は、本当に神々しいというか、表現に困るほどの素晴らしさとなっています。そうした状況を、デジカメと一眼レフの両方で撮っていると、残念ながら偶然にも二台のカメラ共にバッテリー切れとなってしまったのです。

バッテリー切れのことを大きな声で言っていると、太田オーナーがショップ所有のデジカメを貸してくれるというのです。早速、操作方法を、花園インストラクターに確認して使わせて貰うこととなりました。

美味しい朝食を楽しく頂いた後、太田さんから、八時には出発しようということで、皆さん忙しく出発の支度をしています。早めに、七時四十分小花湾を後にします。

二日目の停泊地点は、北之島本島の南西側、東風の島影となる水深七～八メートル付近となりました。

カヤックのメンバーを早々に降ろして、ダイビングポイントの偵察です。午前中のダイブは、自分を含めて三人です。北之島の一ノ岩まで様子見に行くのですが、うねりと打ち付ける波でダイブは出来ないとの太田さんの判断で戻ります。

四ノ岩付近から北之島方面

四ノ岩まで戻るのですが二ノ岩と三ノ岩は、一般的にダイブはやらないのだという。四ノ岩も結構波が被っており、果たしてこの状況で出来るのかという海嘯状況ですが、二日目の三ダイブ目となりました。

ここでは、クロザサハナムロ、ヒメナガカンパチ、コクテンカタギなどの魚が観れるとのことです。ここは、父島と違って本当に魚影が濃い状況です。

エビについても、四ノ岩にはエビ団地というほど凄い場所があるのだというのです。そうした場所は、時期もあって、今回のダイブでは確認出来なかったのですが、途中、二匹のエビが居て、伸びた髭《ひげ》に触って挨拶をすると、睨みつけるように髭を動かし、奥に後ずさりしていました。

浮上の手前など、ウメイロモドキの大群には、オッたまげたという表現が正しいのでしょうか、凄いというしかない魚の多さです。何とか、カメラに収めることが出来たのですが、本当に今までにない各種の魚を観ることが出来ました。北之島の海は、素晴らしさに尽きます。

三ダイブ目の状況は、エアー消費は二二五→一五kg／㎠、九時〜九時五五分迄、正味五五分間の潜水時間となりました。

水温は、二七℃、透明度は四〇〜五〇メートル程度だったでしょうか。聟島のダイブよりさらに透明度が良い状況です。最大水深は、約三〇メートルくらいだったでしょうか。何時もどおり、水深五・〇メートルでの安全停止三分間です。

魚の群游

北之島の小島群も、針之岩と同様に男性的で鋭い岩峰が海に突き出ています。それに較べて本島のほうは、地肌が斜面の至る所で剥き出しとなっており、痛々しい感さえもします。しかし、十数年前に訪れた時の北之島は、大きさ的にこれ程では無かった感じが……。今回、訪れて改めて本島をまじまじと観ると、本当に大きな島です。

午前中三ダイブ目を行った二人は、後半はシーカヤックをやると言って出掛けて行きます。

四ダイブ目はいよいよ一人となりました。お客一人で、インストラクター二人とは全く贅沢ではありませんか。太田さんが気を利かしたのか、一ノ岩の様子を観に再度十時二十分に向かうこととなります。色々配慮あってのことか有難いことです。心の中でお礼をいうのでした。花園さんから、一ノ岩は、「幻の一ノ岩」とも言われているのだという。さて、その理由は聞かずじまいでしたが……。

背後は波立つ「一ノ岩」

十時四五分、一ノ岩に到着です。先程偵察に来た時とそれ程状況は変わっていません。清田さんから、これからダイブだというのです。波の状況から、本当なのかという感じです。ダイブの前に一ノ岩を背景に記念撮影です。何時もそうですが、ダイブの前は緊張します。特に、波もあって船が結構揺れています。

潜水すると、直ぐにウメイロが迎えてくれました。さらに深度を増すと、目の前全体を覆うかのように色々な魚が浮遊しているではありませんか。こうした場所があるのかという程、目茶目茶凄い状況となっています。これが、聟島列島の最北端の島なのでしょう。

そうした数々の魚が群游する中に、イソマグロ、カッポレ、カンパチなどの大型魚が悠然と目の前を通り過ぎていくのです。外にも名前を知らない魚が入れ代わり立ち代わりとなっています。後で、インストラクターがいうには、アオチビキ、ミナミイスズミ（ササヨ）等もいたのだということです。

このため、借りたデジカメで、あらゆるアングルでシャッターを押し続けることとなったのですが、こうしたことは初めての経験です。本来であれば、バッテリーの残量を考慮して節約のため、スイッチを切ったり入れたりするのですが、目の前に展開する異次元の情景から、スイッチは入れっぱなしになっています。

足の踏み場もないほどのソフト・ハードコーラル（イソバナ）が、びっしり岩肌に活着して幻想的な光景です。それが潮の流れで左右に微振動的に揺れている様は、格別で流れで揺れているのか、自身が揺らしているのか定かではないのですが海中の異様な情景となっています。

花園さんから、それ程の深さではなかったのですが、「深くなり過ぎたので上にあがります！」とのこと、徐々に浮上することとなります。群游する魚も、突然訳の分からないダイバーが現れて、何だろうと思わないのか！　しかし、驚いた様子も見せません。そのことが却って、浮上とはいってもその場を去るのも躊躇させます。

確かに、一ノ岩を訪れるダイバーは稀なのでしょう。多分に一年の中でも訪れるダイバーは限られており、我々を敵とみなすことなく、物珍しさの中で眺めてくれているのかも知れません。

浮上の途中、清田さんが、浮遊するゴミと一緒になったアメミモンガラの幼魚を拾い上げ、ゴミの中で安心して住家として過ごしていたのに、ゴミは持って帰らねばならず、致し方なくゴミから出されて泳いで逃げる様は、滑稽で可哀想でした。

うねりなのか風波なのか揺れる船体に何とかしがみ付きあがって、太田さんに向かって「素晴らしい！　素晴らしい！」を連発すると、「そうですか、良かったでしょう！」と、オーナーとしてニコニコ顔で満足気な様子が窺えます。客から素晴らしいと言われることはオーナー冥利に尽きるのではないでしょうか！　しかし、太田さんが言うには、こうした魚影は何時も根付いているということでもないらしいのです。

潮回りなどによって、魚が全くいない時もあるようで、今回、偶然にも潮回りが良く、魚影の濃い状況が確認出来たのだというのです。タイミング的に、ばっちりだったのでしょう！

四ダイブ目の状況は、エアー消費二一五↓一五kg／㎠、十時五五分～十一時三五分迄、正味四十分間の潜水時間となりました。水温は、約二七℃、透明度は四〇～五〇メートル程度でしょうか。最大水深は、約二五メートルくらいか？　なお、何時もどおり水深五・〇メートルでの安全停止を三分間です。

十二時過ぎた頃から風波が収まってきています。太陽光線に照らされて、北之島が、地肌のラテライト質の赤と草付きの緑と海面のコバルトブルーの三色により輝いています。本当に見事で、綺麗そのものです。ダイビング船が、ゆっくり船体を左右に揺らしています。のどかな昼下がりです。

相変わらず、カツオドリが船上に来て「何しに来たのですか!」また、「何かエサをくれないのですか!」と言わんばかりに、首を傾げつつ飛び去って行きます。それが何とも滑稽です。振り向くと、後ろの小岩の上にカツオドリが十数羽、羽を休めてこちらを眺めています。また、それをシーカヤックに乗った仲間の一人が眺めています。いかにも写真になる情景ですが、残念ながら写真を撮るには少し遠い距離です。

遅くとも十三時には本船に戻って下さいとの太田さんからの問い掛けの言葉に、シーカヤックのメンバー一人ひとりが、十二時十五分順次、戻って来ています。しかし、二人がなかなか戻って来ません。折角の機会、北之島でのシーカヤックを楽しんでいるようです。鋭く尖った岩峰の向こうに、聟島(平島)が観えます。

シーカヤックから戻ったメンバー二人は、今度はシュノーケリングを楽しんでいます。水深は、七~八メートル程度だというのです。透明度は良く海底がサンゴで緑色に観えます。コバルトブルーを通り過ぎてグリーンというのか、色表現が難しい程です。

空には入道雲が一部あるものの高曇りで、巻雲なのか薄く、綺麗な青が広がっています。彼方には、嫁島が霞んで観えます。

十三時、花園さんが茹で上げた、薬味共々美味しいソバを頂きます。洋上ということもあって、皆でつつくソバは、また、格別に美味しいものとなっています。

十三時三十分、昨日一緒に聟島の小花湾で一泊した小笠原漁協の「弘進丸」と「高潮丸」の本日の聟島泊りの無線通信が聞こえてきます。二日目か、大変だろうなと思いつつ、第三者的にぼーッと無線交信を聞いているのでした。

日差しが強烈になっています。十三時三五分、帰りのための錨を上げます。船体が潮流で大きく揺れるという聟島から父島間の航路の難所を避けて、島から離れた迂回の海上コースを進んでいきます。しかし、そうはいっても、結構、船体は揺れています。

十六時三十分、西日で眩しい二見湾に入港して、聟島・北之島の楽しかった、いや、少々怖かった感のある二日間の四ダイブ、異次元の世界の終了です。ショップの太田さんには、ただただ感謝、有難うございました。

四　代表的ダイブスポット嫁島「マグロ穴」

小笠原は、多くのダイビング本によって紹介されてきており、その素晴らしさは申すまでもありませんが、当時、石原都知事が「生地球小笠原」（二〇〇一年七月二五日発行）で、小笠原の海を絶賛、その中で南島の「マンゾウ穴」を紹介しています。

今回は、そのマンゾウ穴ではなく、更にダイナミックな勝るとも劣らない小笠原の代表的ダイブスポット聟島列島の島、嫁島の「マグロ穴」を紹介することとしましょう。本ダイブは、平成十五（二〇〇三）年八月三十日（土）八時〜十六時三十分の記録となります。公用岸壁に八時集合、船に乗り込むとオーナーの太田さんが、本日のダイブは人数的に一杯とのこと。「混んでいて申し訳ない！」を連発してきます。「儲かって良いですね！」と笑顔で応えると、太田さんニコニコ顔です。

早稲田大学の学生、総勢二〇数名と一般七名の約三〇名とのこと。大学生は、愛好会で太田さんが言うには、ほぼ全員がオーダーで装備一式を各自持っているというのです。恵まれた人たちで、大塚の時代では考えられなかったと、ただただ思うのでした。

本日は、講習を除き四回目のダイブです。若干慣れてきているとはいえ、こういう時こそ注意が必要です。気を引き締めていこう！　さて、風が出て来ています。行程一時間四十分の嫁島ダイブであることを知らされます。

いよいよ、念願のマグロ穴です。

太田さんに「私のような素人にマグロ穴のダイブOKですか！」と確認です。「了解！了解！」との返事です。ショップの女将さんに、講習会が終わって直ぐの頃、まともに潜った経験も無いにもかかわらず、「マグロ穴に行きたいな！」などと安易に言葉を発したこともあって、「聟島の嫁島マグロ穴なんて、そう簡単にダイブ出来ませんよ……！」と、きつく言われて、今でもその女将さんの目を丸くして、にらめつける顔が浮かんできてしまうのです。

また、過去六回シリーズで自分の小笠原での随想的な駄文を都政新報社の「都政新報」なる新聞に連載させて頂いたのですが、その内容である「小笠原慕情」とか、こうした海中随想を、過日、太田さんに渡していたこともあって出港前に色々と話が弾むのでした。

その中で、作家の「中山千夏さん」の話題となり、六月にダイブで小笠原に来て、自作のダイブ本を置いていったとのこと。何時か見せますよ！　との返事を頂き、楽しみです。

太田さんから、「大塚さんは、思っていることを文章に書けるから良いですよ。私なんか書きたくても書けないんですよ！」と謙遜される。確かに、自分もそうであったのですが、全く文章が書けませんでした。不思議なもので、職場の業務上の訓練から、駄文はともかくとして思っていることが何とか書けるようになって来ています。そうはいっても、内容に値するものが書けているかどうかですが……？

さて、こうした嫁島行きは事前のリクエストにもよるのですが、清田インストラクターから「マグロ穴に行って来ましたよ！」とか、「昨日は、南島の満蔵穴に潜ったんですよ！」と、ポツリと言われる。当然に、「満蔵穴ですか！」と聞き返すなど、何とも、期待と落胆のやり取りです。一度は潜ってみたいと想っている満蔵穴の話を聞かされるのでした。

ところで、本日の学生たち、明日のおがさわら丸で帰京するのだという。最終日、天気に恵まれ、小笠原のダイブスポットであるマグロ穴に行けるとは本当に幸せ者です。さらに、満蔵穴まで潜ってしまうとは……。そうした学生たちが、ざわざわしています。天気に恵まれエンジョイしているのでしょう。

久保田インストラクターから、満蔵穴についての説明です。水深は約一五メートルくらいで、ギンガメアジが二〇〇匹近く群游しているのだという、「ほッー」。位置は、南島の南西側にある海中の鍾乳洞で、潮流による流れが激しく何時でも行けるという訳ではないとのことです。是非一度潜ってみたい場所です。

八時十五分出港、西島、兄島、弟島と順次、島を観ながら、順調に進んでいきます。若干、風が出てきて、飛沫が上がっているのですが、軽快に船がエンジン音を響かせながら群青色の海面を滑るようにして、目的地に向かって北上しています。

ここ一～二週間は、立教、早稲田、来週には、学習院、慶応と学生たちの合宿が続くのだというのです。本当に、ダイブは学生にしては高価で、そして、船旅を含めて贅沢三昧な合宿ではないでしょうか。

嫁島までは長旅です。船の二階に上がって、簡易のリクライニングソファーでゆっくり過ごすこととします。時たまかかる飛沫を気持ち良く受けながら、目指す嫁島に向かって、リラックスです。前の操舵室では、太田さんが退屈そうに操縦桿を握っています。全員、思い思いの姿で、また、色々な所で過ごしくつろいでいます。

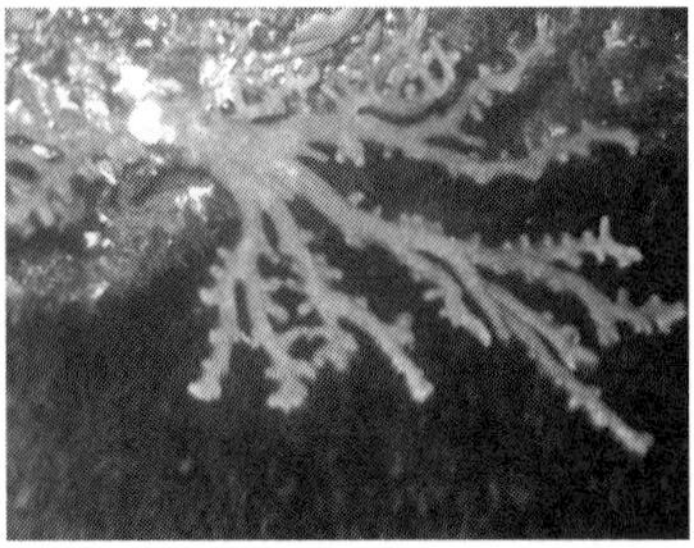

ハードコーラルの一種

二見港出港時には、空にはかなりの雲が広がっていたのが、次第に雲が消えていき少なくなってきています。孫島の島影を通り過ぎる辺りから、遮るものが無くなって船体が揺れ始めます。しかし、波はあるとはいえ八月二四日に釣りを楽しんだ孫島の沖磯である「平根」を眺めると、波がそれ程被さっている様子でもありません。淡々と太陽に照らされつつ、ダイブ船は進んで行きます。

九時五十分、目指す嫁島が間近に観え始めました。ダイブでこれまで早く、ここに来れることになろうとは想像だにしていなかったのですが、いよいよマグロ穴ダイブです。しかし、島裾には白波が立ち始めており、心配です！　午前中は潮の関係もあって、マグロ穴でのダイブではないという。このため、嫁島の後ろにある「後島」周りでのダイブだという。

十時に説明が始まりました。魚は、ゴマテングハキモドキ（?・）、クマザサハナムロ、カスミアジ、カッポレなどが観れるのだという。水深は、一〇～三〇メートルぐらいとのことです。

一ダイブの記録は、十時二五分→十一時十分で、正味四五分間。最大水深は二五メートル。エアー消費は、二〇〇→一五kg／㎠。透明度は、一五～二〇メートル程。潮の流れ、若干あり。安全停止は、水深五・〇メートルで三分間です。

一ダイブの状況を、現在、書き留めているのですが、なかなか状況を思い出せません。浮上最後に、ウメイロモドキの大群に遭遇したとあるのですが、クマザサハナムロか（？）状況がはっきりしません。

十一時五十分から十二時四十分まで休憩です。

後島から嫁島の島影に向かう途中、太田さんから「枕状溶岩」の小笠原随一の場所は、後島のまた属島の島であり、ここの枕状の断面が一番なのだというのです。本当なのか、若干、首を傾げながらカメラのシャッターを押し続けるのでした。枕状の溶岩が、立体的で一番なのは父島西島近くにある瓢箪島《ひょうたんじま》なのだという。

休憩場所は、嫁島本島とマグロ穴のある前島との間の水面で、湾になっている場所です。各島々の斜面には、タコノキがへばり付くように植わっており、群落となって所々に群生しています。それ以外は岩か土で、独特の孤島の景観を醸し出しています。

一度、十数年前に嫁島にコアホウドリ調査を目的に上陸したことがあるのですが、全てが懐かしく思い出されてきます。本当に嫁島本島は、大きな島です。隣の前島も圧倒するほど大きな岩の島となっています。水平線を除き雲が無くなって来ています。快晴に近い状況です。

一ダイブ目に、学生たちが「ロウニンアジ」を「観た！観ない！」などと騒いでいます。

湾奥から前島の左側南前方に、霞んで父島が小さく観えます。嫁島の南側には、比較的大きな浜が広がって、暑い日差しとなっています。

いよいよ昼からの二ダイブ目、マグロ穴となります。様々な格好、またアングルでカメラを向けていると、スタッフの一人が「初めてですか！」と聞いてきて「そうではありませんが、素晴らしい景色で、ついシャッターを押しています」と答えるのでした。静かな時間が流れ、至福の一時です。

マグロ穴のある嫁島の前島（属島）

水深は一〇メートル程の所にイソマグロが群游しているのだという。そして、イソマグロは影を好むというのです。五〜六月頃が一番集まってくるようで、産卵のためにマグロ穴に来るのだそうです。そして、時期によっては一〇〇kgを超すような大物も来るとのことです。聟島には、こうした穴がもう一箇所あるというのです。しかし、集まる理由については、はっきりしないようです。

二ダイブの記録は、十三時二一分→十四時九分で、正味四八分間。最大水深は一五メートル。エアー消費は二〇〇→二〇kg／cm²。透明度は、約二〇メートル。

穴の下は、潮の流れはかなりのもので、サイドの岸壁にへばりついて、軍隊でいう「匍《ほ》匐《ふく》前進」のような格好で進むのです。手を離すとスーッと流されます。どうしたわけか、カメラケースのレンズが曇ってきます。不思議なほど魚が群れて、シャッターチャンスにもかかわらず上手く撮れないのが残念です。

小笠原父島漁協の菊田会長に聞いたのですが、マグロ穴では良心的に漁をしないのだという。深く意味を聞かなかったのですが、ダイブのための聖域としているのでしょうか？色々な種類の魚がいます。深海魚のような眼をした魚がいるかと思えば、チョウチョウウオがいて、正に水族館のようです。こうした時に限って、カメラの調子が悪く、誠に誠に残念！

本当に潮の流れが速くなっています。穴の奥の方に進むに従って、暗くなります。そして、はっきり中が観えなくなっていきます。岩に張り付くように、しっかり岩を掴んでいないと流されます。海上から確認できるマグロ穴の外の状況からすると、穴が島を貫通していると思えたのですが、中は行き止まりです。

水深一〇メートル近くの海底の岩に掴まって這うような状況になっており、上を観ると流れに逆らって、イソマグロが順次入ってきているのが確認出来ます。大きいのは五〇〜六〇kgはあろうかという大型魚ばかりで圧倒されます。

頭上を通り過ぎるイソマグロ

水中カメラも何とか、曇った状況が取れつつあって、夢中でシャッターを押し続けるのでした。しかし、撮れているか心配です。それにしても凄い場所、情景です。イソマグロが泳いでいく様が、記録を書き留めている今でも鮮明に思い出されてきます。

イソマグロも我々を、どう思っているのでしょうか。三〇名近くが三班に分かれて入っているから、立ち上がるエアーも大変な量で、海底付近から、水面に向かってどこもかしこも気泡が連続的に上がっています。泳ぐのにイソマグロも邪魔になるのかどうか、聞いてみたいものです！　穴から出ていくのもいるのですが、流れに逆らって替わりにどんどん入って来ます。そして、最奥部で巡回しているのです。大きなカスミアジも目の前を通り過ぎていきます。

ダイブ後、ドルフィンスイムを暫くして、十四時三五分、嫁島を後にします。本日は、父島の各ショップも、順次来ています。我々の前には「パパス」が、後には「ダイビングセンター」の韋駄天丸が順番待ちをしています。

雲が少し出てきたのですが水平線上のみで、上空は全くの雲無しの晴天となっています。

天気予報とは違って良い天気となっています。船の二階のデッキで、ゆっくり休むこととします。暫くウトウトしていたのか、起きて周りを眺めると弟島の横を走っているではありませんか。あれほど晴れ上がっていた空には、雲が広がっています。

十六時三十分、滑り込むようにダイブ船は公用岸壁に接岸して、念願の嫁島「マグロ穴」ダイブの終了です。

カメラの調子が悪くここ一番で画像が撮れず、小笠原の有名スポットの一つを写真と共に臨場感を持ってお伝え出来ないのが誠に残念です。

第四章　おがさわらへの赴任と「小笠原空港」

次に、思い掛けない二度にわたる小笠原への赴任と、それに伴う貴重な業務体験の一端を紹介していきましょう。それでは、第二回目の赴任となった港湾課長です。

一　小笠原支庁港湾課長

1　母島漁港防波堤建設工事の中止

大塚は、小笠原支庁に赴任して二年目を迎えていました。

ある日の午後二時頃、大塚の座る課長席のデスクに電話が鳴って受話器をとると、聞き慣れた親しみのある声です。

「大塚さん？　離島港湾部長の日高です。元気ですかー！」軽快な明るい声が耳奥に伝わってきます。「はい！　大塚でございます」

大塚の前の職場は、東京都港湾局の離島港湾部で、忙しく職務に励んでいたのですが一年前の四月人事により、支庁の港湾課長として赴任していました。

港湾課長は支庁の一課長ですが、港湾局離島港湾部の出先のような部署となっており、デスク上の電話は離島港湾部長とのホットラインの状態ともなっていたのです。

「大塚さんよ！　突然のことで良い話ではないんだが、母島漁港の工事を中止せよとのことだよ！」唐突な電話内容に返す言葉も無く、精一杯に「えー、中止せよとはどういうことですか……」部長は、続いて「どうも、母島の島民同士色々なことがあったみたいで、話が知事まで上がってしまって、秘書から工事の中止を言い渡されて来たところだよ！」

大塚は「母島漁港は、平成元（一九八九）年度から先輩たちが営々と築いて来て、来年度は最後の堤頭函ケーソン（※）を製作して、翌年度には、据え付けて防波堤全体が竣工・完成する運びとなっているんですよ……」（※ケーソンとは、鉄筋コンクリートで造った、一つの単体で何千トンにもなる大きな立方体の箱のこと）

一瞬、間を置いて「今になって、工事を中止せよは無いですし、おかしいではないですか！」最前線の一課長が、本庁部長の唐突な言葉の意味も分からず、失礼ながら憤懣《ふんまん》やる方ない言葉を自然に発していたのです。

課長の怒りを含んだ大きな受け答えのやり取りを聞いていた課員の視線が、不安そうに振り向いて大塚課長の席に向けられていました。

「おかしいといわれたって、そんなこと分かっているよ！　しかし、それは知事の意向だ。致し方無い。先ずは一報で電話を入れたのだが、支庁としてもどうしてこのようなことになったのか？　理由をそれとなく現地でも情報の収集に当たって貰いたい！」

やり取りは続き、「堤頭函の設置無しとなれば、母島漁港防波堤としての機能はどうなるんですか？」「離島港湾部としても、今後の対応は検討する。お互いに小笠原のためになる善後策を考えていこう、大塚課長よ分かったな！」

日高部長からの唐突な一方的な電話は、ここでがちャッと！　切れたのです。大塚課長は、天井を仰いで、そしてため息をついて、さあどうする！

先ずは、日高部長からの電話内容を、課長席前のソファーに自然に集まって来た課員に、正直にそのまま伝達です。当然に課員は、状況の内容を直ちに呑み込めないようで、視線が大塚課長の一挙手一投足に注がれています。

取り急ぎ、「先ずは、支庁長に状況を報告してくるよ！」ということで、大塚は止む無く席を立って、支庁舎二階にある支庁長室に向かうのでした。

母島漁港は、母島北東部に位置し、出漁漁船の避難港として、また、沖港の補完港として、さらには全国の遠洋漁業船の台風時等の緊急避難港として、昭和六三（一九八八）年三月に離島その他辺地にあって漁場の開発、または避難上必要とされる第四種漁港として指定を受けていたのです。

そして、東京都を管理者として、小笠原諸島振興開発特別措置法による小笠原振興開発計画に基づき、平成元（一九八九）年度から取付道路に着手、平成二（一九九〇）年度からは防波堤工事に着手してきたもので、明年の平成十六（二〇〇四）年度には三〇〇〇トンクラス（縦二五メートル×横二〇メートル×高さ十五メートル）程のケーソンを製作して、平成十七（二〇〇五）年度に運搬・据付をし、竣工・完成となる予定でした。

それに使用するケーソン本体は、現場の母島では製作出来ないこともあって、東京港内に据え付けられた大型のＦＤ（フローティングドッグという浮き台船）で製作し、シンキングバージといわれる台船の上に載せて、東京港から父島までの一〇〇〇㎞の海上を回航しなければなりません。

それには、途中の避難、待機日を入れると小笠原まで五～十日の回航日数を要し、父島二見港に着いてからは、台船上から引き出し、一旦港内に仮置きして、天候を見計らって母島までケーソンを浮かべ回航、そして防波堤先端の計画位置に据え付けるという大掛かりな工事となる予定でした。

そうした一連の計画の中で進められてきた母島漁港防波堤建設工事が、竣工・完成目前で中止とは、理由はどうあれ全身全霊で取り組んできた先輩技術者たちの意向を削ぐものであり、さらには小笠原振興発展に水を差すことになることは明らかです。

防波堤における「堤頭函ケーソン」の重要性について、少々説明すると、防波堤は構造的に岸から突き出た形となり、沖からの侵入波が収斂《しゅうれん》（収束）し不安定になり易い箇所でもあることから、収斂堤の役目をなす堤頭函は、他のケーソンよりは一回り大きな安定感あるものとして、消波ブロックの法《のり》止め機能も有するなど重要な構造体となっています。

その施工を中止せよ！　とは、どういうことか反論せざるを得ないのです。こうした継続的な大事な公共事業を、理由はどうであれ中途半端に工事を中止するという事態は絶対に避けなければなりません。

2 公共事業の在り方と小笠原諸島の存在の意義

小笠原では基幹施設としての公共事業である道路・河川・公園、港湾・漁港、農業施設などの工事が、小笠原支庁の各課の事業によって、返還以降、法律により営々と行われてきており、島に住む人々の生業《なりわい》に欠かすことの出来ないものとなっています。

その在り方については、大自然の小笠原の景観に配慮したものとなることは当然であって、島民の方々の賛同のもと協力して執行していかなくてはなりません。

また、公共事業は、維持管理的なものを除き、特に、大塚の所管する港湾・漁港建設工事にあっては、一時的には事業規模も大きくなることから、利権が伴う中で慎重な計画・執行が求められてきたのです。

さらには公共事業は、離島振興の観点から、細く長く施設の維持管理を含めて永続的に行われていくことが極めて重要であって、島民一体となって進めていかねばならないことは当然至極なことです。

土木課係長・港湾課長での通算五年間の体験を通じて感じることは、島民同士それぞれ様々な意見のある中で、折り合いを付け一致団結して離島振興を大前提に日常生活を営んでいくということが必要なのですが、それがなかなか難しいということです。

今回のような場合、大義は賛成であっても、個人の利害が絡んだりするとどうにもならなくなってしまうこともあるのです。そして、狭い島内ということもあって、後々までしこりを残すことにもなりかねないことから、「本当に島民同士仲良くやってよ！」と日々哀願する想いであったし、こうした出来事は、絶対に避けるべき事例だったのです。しかし、危惧していたことが、現実に起きてしまったのです。

大塚は、赴任という短期間、行政側の立場であったとはいえ、色々な人々が住み、そして生活上、様々な意見の相違が島内に発生して、そうした意見を丸く収めかつ調整し、いかに波風立てず生活していくことが難しいかを感じざるを得ませんでしたが、数々の想い出を作らせて頂きました。

そうはいっても、正直、楽しい想い出ばかりではありません。職務上止む無く意見の対立などで調整の難しかったこと、そして方向を見定めることに苦心したこと、島の方々のためにどう対応していくことが最善策なのか、悶々と悩むことがあったことなどが思い出されてきます。

それにより、止む無く島の方々にご迷惑をお掛けしたことなど、数え上げればきりがありませんし、今更ながら後悔の念に駆られることがあったりするのです。そして、調整内容によっては選択肢として、それが唯一の方法で正しかったのか、他の方法が無かったのかなど、その時の判断した情景が脳裏に浮かんでくるのです。

その中でも、同僚であった一人が、島での人間関係に難渋して帰任の日を、あと幾日、あと幾日と、カレンダーを見ながら指折り数えているのを目の当たりにした時など、人によっては赴任ということの難しさを知り、今更ながら大塚はそうしたこともなく、幸せ者であったと感ずるのです。

ところで、小笠原の島々の存在により、また、そこに人々が居住することによって、島からの二〇〇海里（約三七〇㎞）の範囲となる排他的経済水域は、小笠原諸島・沖ノ鳥島・南鳥島の小笠原関係の島々が存在することによって、我が国の排他的経済水域全体の約三分の一を占めるという膨大な海域を醸し出すに至っているのです。

これら水域内の海洋・環境・地下資源に伴う経済的利益は、小笠原離島振興事業費がいかに規模が大きいとはいえ、それにも増して余り有り、図り知れない日本の国益・財産となっているのです。

二　赴任の経緯《いきさつ》

1　第一回目の小笠原支庁への赴任

大塚は、港湾局に建設局から異動となっていました。それは、離島港湾部のある課で、係内主査として今までに経験したことのない島しょ部の港湾・漁港・海岸の設計を担当しており、建設局で河川等の設計業務を長らく担当してきた経験があるとはいえ、技術以前に多くの海洋土木専門用語を知って、学ばねばならないという状況下にありました。

土木工学は経験工学と言われるとおり、先ずは経験をという状況であったのですが、新たな業務に挑戦することは楽しく、課の職員の皆さんが帰った後とか、時には土・日出勤などして、業務を懸命に励んでいました。

また、二十、二一時頃まで黙々と静寂となった執務室でポツンと一人、設計・積算・製図作業を行うということは、この上なく作業がはかどり、挑戦意欲もさることながら、設計書を一つひとつ達成していくことの満足感を得て、苦労を厭わない状況にありました。

特に、離島港湾部への異動二年目は、昭和六一（一九八六）年の大島三原山噴火の際に、島民の方々が避難行動を取らざるを得なかった教訓から、大島南部地域の住民が波浮港から大型船を利用して島外に避難出来るよう、四〇〇〇トン級、延長一三五メートルの緊急避難用岸壁が計画され、昭和六二（一九八七）年度に工事に着手していたこともあって、先人の後を受け、その設計・積算を担当させて貰える貴重な機会を得ていたのです。

さらには、その設置場所が海嘯《かいしょう》的に厳しい状況もあって、波浪変形調査、模型実験、海底の過去の噴火に伴う溶岩掘削など、非定型的な業務の連続で、新しいことばかりそれはそれはやりがいのある業務となっていました。

そうした中で、三月上旬、職場の電話が鳴ったのです。「大塚さんー！ 大瀬さんから電話です」同僚の一人が、電話を受け取り次いでくれます。猛烈に忙しい手を休め、ふと……！ 聞いたことのある名前です。えーッ！ 受話器を取ると、その向こうから聞き慣れた建設局時代の上司の声が耳奥に伝わってきます。親しそうな声で、「大塚さんよ、久し振りだね、元気かねー！（一瞬、間があって）唐突なこと言うけどねー小笠原支庁に行ってくれるかね！」

反射的に返す言葉もなく「は、はい！」と、緊張した中で、その言葉が自然と出てくるのです。そして、周りを気にしながらの返事となっています。

「どうかね、行く気はないかね！」「は、はい！」「話を進めて良いかね！」「は、はい！」「家族の了解を取らなくても良いのかね！」急に声のトーンを落として「それは、私が行くというえば反対はしないと思いますが！」「では、話を進めるからね！ 宜しくお願いしますよ！」それは、二分程度の電話越しのやり取りでした。全く思いもよらない突然の話の中で小笠原支庁への赴任が決まった瞬間だったのです。

さて、建設局から局間交流で港湾局に異動して二年目です。職場では、「係内主査」として、港湾技術のノウハウも知らない素人に、大事な緊急的業務をさせて頂いており、直属の係長、課長に何と言って話をすれば良いのか。電話の後、周りを気にしながら胸が高鳴って仕事が手につきません。

その後、心を落ち着かせた後、申し訳ない気持ちの中で二人の上司に、頭を下げつつ正直に話をして了解を得ることになるのです。「もう、話を受けてしまったのかね?」「申し訳ありません」上司とは、色々なやり取りが続きました。しかし、プロジェクト的な業務の途中ともなって、その後、後任者に無事に引き継ぎを終えたのですが、全くの突然の話、青天の霹靂《へきれき》、寝耳に水とはこんな状況をいうのでしょう。正に、何が起きるか分かりません。

また、帰宅後、家庭でも一騒動「何で私に何ら相談も無く、よりによって一番遠い小笠原に行くことを勝手に決めてしまうなんて!」と……。先ずは家内からの苦言です。

三人の子供が、お父さんの顔を不安そうに見つめ覗き込んできます。少し騒ぎは収まって、早速、子供たちと一緒に日本地図を出してきて、おがさわら! とは何処にあって、どのように行くのから始まって、わいわい!「小笠原は、東京竹芝桟橋から定期船おがさわら丸という船に乗って二九時間(当時)掛かるとのことだよ!」「ふーん!」子供たちは、興味津々です。

しかし、家内は不満やら不安そうです。「そんな遠い所、お父さん一人で勝手に行ったら!」となります。既に三月! それぞれ子供たちの進級のための就学の用意は全て済んでいて「購入したものはどうするのかねー!」等々、不満やら不安な会話が繰り返し進むのでした。しかし、結局は、小学新三年生、一年生、そして四歳になる三人の子供と共に家族揃って、無事に東京・竹芝桟橋からの出発ということになりました。

家を新築し、都内から埼玉の地に引っ越しをして来て一年程、近隣の方々とも親しくなった矢先の出来事だったのです。こんな経緯があって、支庁への赴任と相成ったのですが、裏話を少々お話させて頂きます。

本来であれば、島しょ部への赴任の場合は、事前準備も必要なため、通常、一月の段階でその話があって、説明会などが行われて四月赴任となるのが通常パターンです。さらに、家族共々の赴任となれば、なおさらとなります。

しかし、大塚の場合、予定していた人が何らかの理由で急きょ赴任出来なくなって、大塚にそのピンチヒッターとしての声掛けがあったようで、止む無く話が三月上旬になったというのが真相のようです。それにしても、三月に話があって家族揃って、引っ越し作業やらどたばたであったことは今思えば懐かしい想い出となっています。

2　第二回目の赴任

港湾課長への異動の際も、「大塚君、ちょっと来てくれる！」突然の呼び出しの庁内の内線電話を受け、日常なかなか面と向かってお会いすることのない上司の個室の部屋に、メモ用紙を持って何だろうと飛び込んで、即、上司は大塚と視線をそらすことなく、後ろ向きで入口ドアーを締め、はてッ！

「大塚君、小笠原支庁の港湾課長だよ、良いよなッ！」唐突な一言の後、さッと承諾の握手を求められ大塚は、上司の顔色をまじに眺めて「私で宜しいのでしょうか！」と聞き返し「そうだ！」手に汗をじとッとかきつつ、異動の内示を受けたのでした。

この時には、候補として、小笠原行きを希望する他の人がいて、そのことを大塚は聞き及んでいたのでしたが……。この話の後、小笠原を希望されていた人には、止む無くこうしたことになったことを、内々にお話をしたのでした。

「そうですか！　仕方ないよね！　しかし、残念だなー！」日頃から、親しくしていた者同士として残念そうな顔を拝見して、申し訳なく思ったものです。

帰宅後、家族会議で皆に話すと、その時は「お父さん一人で行くしかないよねー！　夏休みには皆で行くから！」子供たちも心得たもので、テレビを見ながら「ふーん！　お父さんもほんと大変だよね！」だけです。何ら騒ぎも無く静かな中で二度目の赴任が決まったのでした。人生には、思いもよらぬことがどんどん起こってきます。

こうした二度に亘る小笠原支庁への赴任という体験は、大塚の人生にかけがえのないものとなると同時に、大きな影響を受けることとなるのです。

三　「小笠原空港」検討経緯

小笠原支庁港湾課の所管する業務は、港湾・漁港の建設、維持管理の他に支庁としての各種空港建設に関する調査となります。その港湾課の上部組織である港湾局離島港湾部では、伊豆七島の大島・新島・神津島・三宅島・八丈島には定期船以外に飛行場が設置され、また、それ以外の小離島には、ヘリポートがあって、日常の就航業務以外に維持管理をしています。

そして、小笠原空港整備に関しては、別に本庁の港湾局離島港湾部に専属部署が、また、総務局には総合調整をする組織体制が出来ています。

当然にそうした組織から、既に小笠原にも空港があってしかるべきですが、小笠原に関してだけは転々とする諸検討・調査の中で議論が繰り返され、それも昭和四三（一九六八）年六月の小笠原諸島返還以降、半世紀を経ようとしているのに令和五（二〇二三）年まで、その途上にあるのです。

1　経緯（概要）

小笠原諸島返還以降における小笠原空港建設計画に関する検討経緯について、以下①〜⑤から、その概要を見てみたいと思います。

①　返還から候補地「兄島」決定までの検討初期

i　昭和四三（一九六八）年六月二六日小笠原諸島が二二年振りに日本に返還されます。

そして東京都（以下、「都」という）は、返還に伴う昭和四三・四四（一九六八・六九）年度の空港候補地調査で、父島夜明山地区・母島南崎地区・兄島・父島洲崎地区等を候補地として検討の対象とし、その内、「兄島」の比較的なだらかな台地部に滑走路長一八〇〇メートルの建設が可能と判断し、兄島を最良の候補地とします。

ii 都は、昭和四五～四八（一九七〇～七三）年度、兄島空港案について、地形・地質・気象等の調査を実施し、建設経費が昭和四七（一九七二）年度の積算で約一二〇〇億円にもなったことから、空港計画を中断します。

iii 国は、昭和四七（一九七二）年十月十六日、小笠原諸島を国立公園として指定し、用途指定として兄島の空港建設を検討していた台地上の乾性低木林部分を将来の利用を見越して開発規制の緩い「普通地域」とします（口絵の「小笠原国立公園区域及び保護・利用計画」図を参照して下さい）。

iv 都は、昭和五十（一九七五）年代初めに、父島洲崎を対象とした空港設置の可能性に関する調査やアンケート調査結果に基づく航空需要予測及び航空ネットワーク等に関する調査をします。

v 都は、昭和五九（一九八四）年度に改定された昭和五四～六三（一九七九～八八）年度の「小笠原諸島振興計画」により、空港の可能性等について検討を行い基本的な方向付けを行うとします。

vi 都は、昭和六二（一九八七）年九月「小笠原空港問題検討調査会」を設置して、空港候補地・滑走路規模・就航機材等について具体的検討を行い、昭和六三（一九八八）年度末を目途に結論を出すとします。

vii 都は、昭和六三（一九八八）年都議会第四回定例会に「小笠原航空路の早期開設に関する意見書」を提出すると共に、東京都選出の国会議員による「小笠原の飛行場建設に関する要望書」を国の関係省庁に提出します。

viii 都は、昭和六二（一九八七）年九月から平成元（一九八九）年一月にかけて、計六回の検討調査会を開催、島民生活の安定・産業の振興・国土政策の観点から空港が必要であるとし、兄島地区、父島中央山地区・大滝地区・洲崎地区、母島地区の中から、滑走路規模一八〇〇メートルで空港設置位置を兄島地区とする結論を取りまとめ、建設経費は概算三四〇〇億円であるとします。そして、今後の課題として、経費の負担・父島とのアクセス手段の検討・第六次空港整備五箇年計画での採択・自然環境への配慮等を挙げています。

ix 鈴木都知事は、昭和六三（一九八八）年六月、小笠原諸島返還二十周年式典の席上、兄島に空港を建設することを表明します。

x 都は、平成元（一九八九）年二月「東京都多摩島しょ振興推進本部会議」において、兄島に一八〇〇メートルの空港を設置することを正式に決定します。

②「兄島」決定から再検討期

i　平成元（一九八九）年十月「日本生態学会」、平成二（一九九〇）年九月「日本自然保護協会」は、それぞれ都・小笠原村・関係省庁に対し、建設位置と計画規模の再考を求める意見書を提出します。

ii　運輸省は、平成三（一九九一）年十一月、第六次空港整備五箇年計画で、未解決の課題のある計画として正式な新規事業には組み入れず「予定事業」という新しい枠組みの中での採択とし、三点の課題を出します。都は、この運輸省からの課題に向け、父島・母島・兄島・弟島の四島に再度候補地を設定して、三年間の調査を実施します。

iii　平成六（一九九四）年三月の第一回都議会定例会において、「小笠原空港の早期建設促進に関する決議」が全会派一致となります。これにより、小笠原村の農協・漁協・観光協会等は、村内十九の団体で組織する「小笠原空港新規事業化期成同盟」を中心に一九五四名に及ぶ署名活動を行って、平成七（一九九五）年一月に兄島への空港建設を求める要望書を小笠原村から提出します。

iv　都は、同　二月、小笠原空港整備についての基本的考え方を示して、空港建設の位置は兄島とし、父島との交通アクセス手段について比較検討、ロープウェー方式を決定します。

v 環境庁は、平成八（一九九六）年一月、ロープウェーの建設予定地は特別保護地区にあり、簡単には許可出来ないとして、兄島空港建設案に反対の意向を伝えます。受けて、都は、兄島空港案を堅持しつつも、自然環境の面から、兄島以外の島での空港建設の可能性について検討するため、小笠原空港環境現況調査を開始します。

vi 国は、平成八（一九九六）年十二月、第七次空港整備五箇年計画を閣議決定し、計画・地元条件が整ったものについて、毎年度予算の範囲内で順次事業着手することを採択します。

vii 都は、平成九（一九九七）年十二月「小笠原空港環境現況調査」の最終報告として、新たに空港立地の可能性のある地域を、聟島一地域・弟島一地域・父島五地域・母島二地域の九地域で示し、「小笠原空港建設等専門委員会」を設置して、現状と課題について検討します。

③ **「時雨山《しぐれやま》周辺域」を候補地とする検討期**

i 小笠原空港建設等専門委員会は、平成十（一九九八）年三月、空港建設の第一候補地を父島の時雨山周辺域、第二候補地を聟島の西・北部一帯とする提言を取りまとめます。この提言の中で、時雨山周辺域の固有種「ムニンツツジ」の絶滅を避けるため、保護増殖対策を検討することを盛り込みます。（※後述）

ii 都は、同五月十九日、「東京都多摩島しょ振興推進本部会議」において、小笠原空港建設地として、父島の時雨山周辺域とすることを決定します。

都は、この決定を以て、兄島での空港建設計画を撤回し、父島の時雨山周辺域における空港整備に向け、総務局と港湾局との間に執行体制の組織を設置し、平成十三（二〇〇一）年度に空港の設置申請、平成二十（二〇〇八）年度以降早期の開港を目標とする取り組みをスタートします。

iii 都は、平成十（一九九八）年九月、自然環境に係る環境庁からの指摘に対し環境現況調査などに着手し、平成十一（一九九九）年一月「小笠原自然環境保全対策検討委員会」を設置します。

iv 同四月、石原東京都知事が就任し、六月空港建設予定地を視察、平成十二（二〇〇〇）年十月に時雨山案について「役所のメンツで決めたようなところがある、リアリティのないプログラム、グランドデザインがないのに飛行場を造っても無駄になる」との意向を示します。

v 都は、空港位置決定後の調査検討を通して、当初の想定よりも建設費用・整備期間から、本格的空港完成までのつなぎ案として、滑走路延長八〇〇メートル、乗客一〇～三〇人程度、硫黄島を代替飛行場とするなど六案の検討をします。

他に、メガフロート案・テクノスーパーライナー（ＴＳＬ）活用案、海上桟橋（ジャケット桟橋）案が検討されます。

都は、平成十三（二〇〇一）年五月十四日、環境現況調査結果を公表します。そして、五月十八日、石原都知事は「時雨山のあんなところに空港を造るのは無理」との計画への反対を明らかにし、テクノスーパーライナー（ＴＳＬ）の調査結果を再検討する意向を示します。

※「ムニンツツジ」と保護増殖計画

本内容は、平成十四（二〇〇二）年五月の記録となります。大塚は第二回目の赴任早々、五月の晴天のもと、ムニンツツジの自生する躑躅山《ひつじやま》を訪れ、満開に咲く白い花のムニンツツジを確認して来ました。

小笠原固有種であるムニンツツジは、平成十三（二〇〇一）年十一月十三日に「東京都多摩島しょ振興推進本部会議」が小笠原空港の予定地であった時雨山《しぐれやま》周辺域を白紙撤回することとなった理由の植物の一つです。

ムニンツツジの生育する場所は、父島の東南部に躑躅山と呼ばれる山がありますが、明治時代の開拓者により発見されています。小笠原には、頭に「ムニン」と付ける植物が多く、漢字では「無人」と書き、江戸時代に小笠原が無人島（ムニンアイランド）と呼ばれたことに由来します。

数十年の後、小笠原返還後の調査で躑躅山に数株が確認されていましたが、その後の異常干ばつや度重なる台風等の被害により世界で一株のみとなってしまい、小笠原の絶滅危惧種となりました。その後の調査で、外にも「初寝浦」で新たに発見されることとなるのですが、予定地となった当時は大変な騒ぎとなったのです。

これまでムニンツツジに関する研究は、主として東京大学理学部付属小石川植物園を中心に行われてきたことから、保護・増殖についても指導・援助を仰ぐこととなりました。また、小笠原支庁の中に空港建設推進PTを設け、港湾課・土木課・産業課が一体となって、以下の内容について取り組む態勢を整えたのです。

i　ムニンツツジ繁殖技術の確立
〇　実生・挿し木繁殖方法の検討
〇　組織培養法による大量増殖法の検討
ii　ムニンツツジ育苗技術の確立
iii　ムニンツツジ植栽技術の確立
iv　モデル植栽株の追跡調査及び遺伝資源の保存

なお、その過程での成果は、環境アセスメントに係る見解書・評価書作成に反映していくこととしました。

そして、当時世界で一株のみとなってしまった株の近くに保護・増殖が行われ実生から育てて植栽したムニンツツジが少しずつ育ちはじめ、現在、花を咲かせるまでになっています。

港湾局では、平成十（一九九八）年五月小笠原空港の建設地が父島の時雨山と決定した時から、空港整備事業者として、平成十四（二〇〇二）年度まで保護増殖対策を行ってきました。

ムニンツツジの保護増殖対策は、港湾局として平成十五（二〇〇三）年度以降なくなったのですが、今回の小笠原空港時雨山案は自然からのメッセージに対して大きく反応し、将来への試金石になったことは事実です。

「小笠原固有種」とは

小笠原の地域だけにしか生育しない生物のことで、小笠原諸島のような大洋島の場合、生物は長期間海を渡って来なければならないため、大陸に生育する種の一部しか辿り着けません。このため、定着した生物は、ほぼ完全に隔離されてしまうため、独自の進化の道を歩み始めます。植物では、自生する約四〇〇種のうち四〇％が固有種といわれています。

オガサワラツツジ

④ TSLと「時雨山周辺域」候補地撤回

i 国土交通省は、平成十三（二〇〇一）年六月、東京竹芝から小笠原航路にTSLを就航させることを決定します。

ii 小笠原自然環境保全対策検討委員会は、同 十月二三日、意見書を提出します。石原知事は、その意見書を踏まえ、時雨山周辺域での空港建設を、改めて否定する考えを示します。

iii 都は、同 十一月十三日「現計画を撤回し、新たな航空路を検討する」ことを決定します。

iv 平成十四（二〇〇二）年六月、TSLの保有会社が設立され、平成十七（二〇〇五）年の就航に向け態勢が整ったのですが、平成十六（二〇〇四）年夏以降の原油価格の高騰の影響を受け、一般の船が重油を燃料とするのに対しTSLは軽油使用のため、都及び国は、TSL導入を運航収支から断念します。

⑤ 空港建設に向けた現状

平成二十（二〇〇八）年二月に都と小笠原村とで設置した「小笠原航空協議会」（以下、「協議会」という）を、同 四月九日に第一回を開催、その後、継続開催してきており、現在、第十一回目を令和四（二〇二二）年七月十二日に開催しています。

その中で、洲崎地区活用案などが検討されていますが、その間の空港建設に向けた都知事の発言と協議会での就航機材の概要です。

i　平成三十（二〇一八）年六月三十日、返還五十周年記念式典で小池都知事が、以下の考え（主旨）を示します。

○　小笠原に飛行場を建設することは、必要だと認識している。
○　今後は、より実現性の高い洲崎地区活用案に絞り、機材については水上航空機案も含め集中的に検討していく。
○　飛行場周辺の自然改変など課題はあり、自然環境との調和に最大限配慮することが重要だと考えている。
○　これまでより短い一〇〇〇メートル以下の滑走路で運用可能な機材についても、財政負担も含めた調査・分析をしていく。
○　従来の就航機材の開発動向や技術開発の進展にも注視し、あらゆる可能性を追求しながら、前に進めていく。

ii　平成三十（二〇一八）年七月開催の第七回協議会で、都は小笠原において、滑走路長一〇〇〇メートルの場合、開発の動きがある「プロペラ機（ATR42-600S）」を就航機材として想定、

ATR42-600S（ATR社提供）

AW609（レオナルド社提供）

検討しています。

iii　令和二（二〇二〇）年七月の第九回協議会では、ATR42‐600Sと共に、開発中の垂直離着陸航空機（AW609）を調査検討機として運航を想定しています。

※現状、昭和四三（一九六八）年六月二六日の小笠原諸島の返還以降、小笠原空港は転々と検討され続け、現在まで半世紀を超える期間を経過するも建設には至っていない状況にあります。

四　小笠原への交通アクセス

1　検討経緯を踏まえて

大塚は小笠原支庁に赴任して、第一回目の土木課在職時の平成二～四（一九九〇～九二）年度の三箇年は、小笠原空港が「第六次空港整備五箇年計画」に採択されて、いよいよ建設になるのか！　という時期でした。

そうした中で、職務上戦時下の道路幅員のままとなっている都道未整備箇所の工事に当たって、「公図」などを閲覧する機会があって、あまりにも空港建設を見通した観光開発の目的としか考えられない大手資本による先行的土地登記の実体を知ることとなりました。

第二回目の港湾課長在職時の平成十四～十五（二〇〇二～〇三）年度の二箇年は、時雨山周辺域案が撤回され、ＴＳＬ就航に向けた気運の最中、現地小笠原に赴任し、都の職員として島の方々との接触、国会議員・他、現地視察に伴う各種案内など、空港建設に関する調査等に携わるという貴重な体験をした時期でした。

赴任の通算五箇年の中で、候補地の一つであった洲崎地区は、旧日本軍（海軍）の飛行場が存在し、地形・気象上離発着に困難を極めたということ、そして終戦後米軍統治下の米軍機も同様に、離発着に難しい操縦技術を必要としたこと等を各種記録・文献から確認していました。

そうした洲崎地区は、航空法上の制限表面である「進入・転移・水平」等から、安全を確保するためにその範囲内に障害物の無い状態にすることが求められ、「中山峠」「野羊山」等の先端・山腹の一部を除去せねばならないとか、滑走路の構築で「象鼻崎」・二見湾の一部埋め立てが必要となって、特に南東奥に位置する景勝地、砂浜のコペペ・小港海岸の変容も想定される等、極めて困難な諸工事をクリアーしなければならないことなども知りました。

特に、港湾課長としての二回目の赴任の際は、職務として空港の建設予定地となった多くの候補地について、公私を問わずあらゆる機会の中で、努めて現地を踏査・確認し、その全景を土木技術者の立場で見させて頂くという機会を得ていました。

それも山など歩くことが好きであったこともあり、通常は訪れることのないような父島・母島・聟島などの特別な半島部等からも、各候補予定地を色々な角度から、そして地形・地質・気象等を踏まえつつ、滑走路の姿を想い描きながら繰り返し眺望させて頂くことが出来ました。

時雨山周辺域については、巽道路から木漏れ日の中、ラテライト質の赤色土がむき出しとなった旧軍道経由で幾度来現地を訪れて、ムニンツツジの生育状況などを眺めつつ、その都度その都度、高低差の大きさに驚いていました。

さらに、代替飛行場案としての硫黄島についても第一回目の赴任の際に、海上自衛隊基地と併せ置かれた状況を垣間見させて頂くことも出来ました。

支庁職員、特に港湾課長として、空港建設の必要性を訴えて参りましたが、その過程で多くの自然保護に向けたご意見も伺ってきました。

小笠原赴任時以外にも、小笠原空港建設に向けて転々とする動向を、直接職務上関係は無かったにしても、都職員として必然的に各種情報を聞き及んでいました。

こうした諸体験の中で、大塚なりに空港建設は小笠原にとってどうあるべきか考えたりしていました。今後、小笠原は、どうあれば、将来的に持続可能な形で自然と関わり続けることが出来るか！　です。

2　小笠原空港の存在

当然に、半世紀を超えて議論をし、転々とする小笠原空港建設に関する島民の方々の血の滲むような熱望の中で、また、関わってきた先人たちの調査検討の歴史を鑑みつつ、仮に空港の存在について考えてみたいと思います。

大陸と隔絶した小笠原という太平洋上の孤島としての歴史の中で、全ての動・植物が太古から限られた島内で独自の変化を遂げ、そして懸命に命を継いできたという悠久の歴史・過程を踏まえつつ、現在の自然の生態系のもとで、さらに今後共、どのように棲息・生育を可能ならしめる環境を創出していくかということです。

その場合、残念ながら小笠原諸島の各島々は、余りにも島内面積が狭いということです。例えば、伊豆諸島の「大島」の九一・〇六㎢と較べても、一番大きな父島の面積は二三・八〇㎢で、約四分の一程度と狭隘です。

比較するのも如何かと思うのですが、世界自然遺産初となるガラパゴス諸島の最大の島、イサベラ島は面積四五八八㎢で父島の約二〇〇倍の面積を有しています。世界的な観光地であるにしても、規模が全く違うのです。

このため、父島の「南島」などに見られるように、一時期でさえも環境容量を超えた観光人流によってその生態系の一部は、あッという間に破壊寸前に陥ったのです。

その後、人為的な手段が加えられ回復は見られたとしても、人工という修景の域を超えることはありませんし、元の状況である原形に戻すことは出来ないのです。

小笠原は、明治初期の開拓移住から、昭和四三（一九六八）年の小笠原諸島返還までの間、途中戦争に向かって長らく島全体が要塞化するという惨禍、そして、強制疎開を経て帰島が許されるまでの間等、比類無き歴史の中で人為的に多くの外来種が持ち込まれ、それが時に野放図的に繁茂・繁殖し現代に至って、一部は駆逐・駆除し対策を講じている状況下にあっても、残念ながら悠久の原始の小笠原は様変わりをして来ています。

こうした中で、鳥類をはじめとして、既に一部絶滅危惧種は存在するのですが、小笠原という歴史が築き上げて来た世界に誇る貴重な自然を、これ以上、人為的に変化させて良いものかということです。

一方、環境容量を超えない規制の中で、小笠原を生活の場としている人々がいる以上、その負荷の線引きをし許容の範囲内でバランス良く調和を図っていくという行為も、考えられないではありません。しかし、それが現に自然破壊という姿を一部に呈し、それに気が付いて懸命に対策を講じてきているのです。

空港の存在は、島民の生活及び主に観光業を生業としている人々からすれば明らかにメリットとなるのですが、自然環境、動・植物の面から、今以上に増加が想定される観光人流は余りにも狭隘な容量からして、そのデメリットは残念ながら極めて大きいといわざるを得ません。

それでは、人と動・植物のどちらを優先するのかということですが、申すまでもなく、当然にそれは「人」であることは明らかです。

3　おがさわらのあるべき姿

様々な経緯・議論を踏まえて、おがさわらのこれからのあるべき姿を、今一度考えてみたいと思います。

あらゆることについて、原則、現状維持を基本として、保全措置を講じていくべきです。小笠原の道路・河川・公園・港湾・農業等の各基幹施設は、十分ではないにしても出来上がっているのではと考えます。

今後共、公共事業は必要ですがその手法は、維持管理を中心に景観に配慮した自然保護のための施策に転換し、着実に細く長く継続して実施していくことに止めるべきです。

空港の存在は、観光人流への諸対策を講じたとしても小笠原の環境容量過多を招くことが想定され、必然的に自然破壊に連鎖することは過去の経験からして明らかです。ここで建設の是非についてどうのこうのいうことは避けるにしても言わずもがなではないでしょうか。

このため、小笠原へのアクセスは、定期便である従来の「おがさわら丸」の運航を基本として、小笠原が抱える不便であるということを唯一最良の選択肢であるということを国内外に示していくべきです。

そうした中で、一部取り組みが行われれてきていますが、開拓期の開墾、戦時下の要塞構築等に伴って多くの移入してしまった外来種である動・植物について、必要に応じて計画的に駆逐・駆除対策を行っていくことが、今後共、継続的に求められます。

平成二三（二〇一一）年六月十九日の世界自然遺産への登録は、小笠原の自然を従前に増して島に住む人、観光客を含めて共有の財産として、守り育てていくということに舵を切る時代に移行したと考えるのです。

そして、現在のあるがままの小笠原を固有種を含めた動・植物の数々が、自然な形で世代交替を繰り返すことの出来る姿を静かに見守っていくその先に、世界自然遺産の島「おがさわら」が存在していくことになるのではと考えます。

小笠原が余りにも数奇な歴史を辿る中で、そして、過酷な現実を突き付けられながら懸命に生き長らえてきたのは、ほかならぬ動・植物ではなかったのではないでしょうか。

小笠原にあって日常の自然の中で、固有の動物たちが観せる一瞬の愛らしい動作、そして、四季折々に咲く固有植物の花々、そうした悠久の自然からの恵みを堪能出来る情景を、後世のために是非共、静かに残し続けたいと想うのです。取り返しがつかないものとならないように……。

現代は、地球規模で環境汚染・温暖化・種の絶滅等の問題が叫ばれています。その中で、新型コロナウイルスが変化をし続け、そして長引く世界的まん延状況を鑑みる時、小笠原にあっては、長きに亘る人中心目線での数奇な歴史から「今後は、少し静観させて下さい！」と、自然生態系の動・植物たちの声が聞こえてくるように想えるのですが……。

固有種　オガサワラノスリ

第五章　おがさわらと戦争

小笠原は、申すまでもなく世界自然遺産の島で、先ずは大自然となります。

このため、「戦跡」は、ガイドの案内でもない限り直接目に触れることは少なく、また、関心を持たれる人も意外と少ないのではと思われます。

しかし、一旦その情景を識ると「おッ！」という驚愕の一声と、そして、それをまじまじと観ることによって、規模の大きさと共に、当時のまま朽ちつつも、現在に残されてきたことに先ずは驚きます。それは、大塚が初めて戦跡を目にした時の実体験からもいえることです。

そうした戦跡が示す小笠原諸島の要塞化に向けた軍備は、明治四二（一九〇九）年から昭和二十（一九四五）年の終戦まで三六年に亘り、調査に始まって営々と構築され続け、現在、想像を遥かに超えた戦争の遺構として、道路沿い・海面直上・山腹等、小笠原亜熱帯の彩り豊かな緑陰の奥のあらゆる場所に静かに残置されているのです。

戦跡については、第一章「三平和を問いかける戦跡」の中でも概要紹介しましたが、ここでは小笠原諸島がどのような経緯で要塞化の道を辿ったのか等について、その一部とはなりますが、「おがさわら」を知って頂くために、お伝えすることとします。

一　小笠原諸島の要塞化の経緯（概要）

1　経緯

以下、小笠原諸島に於ける明治期からの軍事に関する歴史的経緯について、①～⑤に示す時期等から、その状況をひも解いてみたいと思います。

そして、遥か彼方の小笠原の地でも、こうした歴史的事実が存在して、現在に人知れず残存する戦跡から、平和であることの尊さを静かに問うているのです。

①　明治～大正期の軍事施設

明治四二（一九〇九）年と明治四三（一九一〇）年、日露戦争後南洋方面への前進基地として、小笠原が注目されたことにより、海軍は父島の地勢・錨地《びょうち》・望楼適地などを、翌年には二見港の防禦方法・石炭庫・貯水池・食料・飲料水等の調査を始めます。

大正三（一九一四）年七月、第一次世界大戦の勃発により日本は八月、日英同盟国として参戦します。そして、九月に海軍は、南洋への中継基地となる父島に最初の軍事施設となる「父島北特設望楼」を設置し、十一月に電信業務を開始します。この海軍の望楼が、小笠原諸島における最初の軍事施設となります。

大正六（一九一七）年十二月、海軍は二見港内に貯炭所を設置、翌年六月には、父島北特設望楼を特設無線電信所に改め本格的に通信業務を担当、逐次中継基地化を進めていきます。

大正八（一九一九）年十二月、陸軍はこの海軍の中継基地を防衛するために、「父島要塞設置要領」を裁可します。

大正九（一九二〇）年八月、要塞建設を担当する築城部父島支部を設置し、現地において、用地の買収などの業務を開始します。併せて、秘密防備のため、父島憲兵分駐所を設置し、憲兵が常駐することとなります。

大正十（一九二一）年三月、さらに秘密を防護するために、父島要塞地帯を告示、父島・兄島を要塞地帯とし、弟島は要塞地帯外側の撮影、測量等の禁止地帯とします。そして、六月父島要塞の工事を開始するのですが、大正十一（一九二二）年二月ワシントン軍縮会議において調印された条約により、防備は現状維持とし、新たな要塞・海軍根拠地を建設しないことが約定され、二月父島要塞工事は中止となります。

大正十二（一九二三）年四月、完成途中の砲台等を維持するため、官衛としての要塞司令部を設置し、要塞工事を担当していた築城部父島支部を廃止します。その後は、ワシントン軍縮体制下で、暫時、比較的平穏な状況が続きます。

② 昭和初期～太平洋戦争開戦までの兵備

昭和二（一九二七）年七月、戦艦「山城《やましろ》」にて昭和天皇が父島・母島を行幸されます。

昭和三（一九二八）年二月、海軍は艦艇の重油使用に対応するため、二見港の貯炭場を二見燃料貯蔵所に改め、南方への燃料補給基地化を進めます。陸軍は、父島要塞の工事を中止した砲座及びこれに付属する観測所・弾薬庫・貯水池等の施設を改築・補修・災害復旧などの名目で整備を始めます。

昭和七（一九三二）年、海軍は、父島の洲崎飛行場を東京府農事試験場用地造成工事として建設し、これを東京府第一農場と称し、また翌年、硫黄島飛行場を東京府第二農場と称するなどして飛行場を整備していきます。

昭和十一（一九三六）年十二月、海軍軍縮条約は失効となり、太平洋の防備制限がなくなります。海軍は、南鳥島に飛行場を建設、硫黄島に滑走路を増設、父島に洲崎飛行場を完成するなど整備を進め、昭和十四（一九三九）年四月、父島海軍航空隊を新設します。

昭和十五（一九四〇）年八月、陸軍は大村砲台に榴弾砲・加農砲を、また新たに巽谷砲台を建設し榴弾砲を据えていきます。このように陸・海軍の兵備が増強されていく中で、父島憲兵隊駐在所は、父島憲兵隊として独立し、防諜・軍律維持等の強化を行っていきます。そして、十二月要塞地帯法が改正されたことに伴い、父島要塞地帯の範囲が拡大され、弟島を含む父島列島が要塞地帯となります。

昭和十六（一九四一）年これまで防備のなかった母島（六月）・硫黄島（九月）にも防備を施します。その母島における基地建設の端緒は、六月二日の「母島海軍砲台工事施工ノ件 訓令」に始まります。十月、海軍第七根拠地隊を新設、父島海軍航空隊を指揮下に入れ、小笠原諸島の防衛を担当します。そして、十一月には、父島要塞に敵の本格的攻撃に対する場合に採る本戦備が下命となります。

③ 開戦後における小笠原諸島の防備

昭和十六（一九四一）年十二月八日、日本の真珠湾攻撃によるアメリカ・イギリスへの宣戦布告により、太平洋戦争が開戦となります。

昭和十七（一九四二）年から昭和十八（一九四三）年にかけて小笠原諸島の防備は、ハワイ・南方方面で大きな戦果を挙げ緒戦を優勢に戦っていたことから、緊迫感も少ない状況下で少しずつ戦備が拡張されていきます。昭和十八（一九四三）年七月迄の間に母島では、兵舎・弾薬庫・貯水槽等の工事が行われます。その内、現在の鮫ヶ崎歩道のほぼ中間の西側に貯水槽が現存しています。

昭和十九（一九四四）年以降、米軍の中部太平洋方面の反攻が本格化するに伴い、小笠原諸島の防備が強化されます。二月、陸軍は中部太平洋諸島の防禦のため、第三一軍を編成し、指揮下に小笠原地区集団を編入して、小笠原諸島の防備を担当します。これらの部隊は、敵上陸部隊を水際において撃滅するいわゆる水際撃滅方針のもと、直ちに陣地構築を開始します。そして、硫黄島警備隊は、陸軍と協力しつつ、防空砲台・海面砲台等を増設し、対空・対上陸の防禦体制を強化していきます。五月、陸軍は小笠原諸島所在の部隊等をもって独立混成旅団・独立混成聯隊・独立歩兵大隊に改編し、これらを基幹として、第一〇九師団を編成します。

昭和十九（一九四四）年六月十五日、初めてとなる小笠原諸島への米軍の空襲が始まります。

同　六月二六日、サイパン島の戦況悪化に伴い、大本営は小笠原方面の戦備を強化するため、小笠原兵団を編成して、七月に大本営直轄となります。そして、サイパン島の失陥により、絶対国防圏は破綻し、小笠原諸島は本土防衛の外郭陣地として重要性が高まることとなります。

同　十月以降、小笠原諸島への空襲もだんだん激しくなって、これに対応する航空機も激減し、陸・海軍守備隊は対上陸戦闘を重視することになり、陸軍の高射砲や海軍の高角砲を地下洞窟陣地に移設し始めます。現在、各地の地下洞窟に残っている高射砲・高角砲は、この時に地上から移設されています。

昭和二十（一九四五）年二月十九日、米軍は本土侵攻の航空基地としての硫黄島を最も重視し、上陸して熾烈な戦闘を展開、日本軍は三月二七日玉砕します。この戦闘で硫黄島では、陸軍一万二八五〇名、海軍七〇五〇名、合計一万九九〇〇名が亡くなっています。

同　三月二三日、父島の混成第一旅団を基幹に第一〇九師団を再編して、立花芳夫中将を師団長に、引き続き小笠原兵団として大本営の直轄となります。

その後、米軍は、南鳥島・父島・母島に対する上陸作戦を実施することはなく、専ら空襲と艦砲射撃による攻撃にとどめ、硫黄島は占領後直ちに飛行場の拡張整備を行って本土空襲の中継基地として活用していきます。

④　終戦に伴う状況

昭和二十（一九四五）年九月二日、日本は東京湾上の米戦艦ミズーリ号の甲板での降伏文書調印により終戦となります。

翌日の三日、父島と母島の正式降伏手続きが、二見湾の米駆逐艦ダンラップ上で行われ、ここに小笠原諸島における米軍との戦いが終結します。

同　十一月から、翌年二月の間に小笠原諸島守備部隊の陸海軍将兵、陸軍一万三三五五名、海軍七六五九名、合計二万一〇一四名（うち軍属七五六名）の復員を完了します。

小笠原諸島における戦没者の数は、陸軍一万三五四一名、海軍一万九九〇名、合計二万四五三一名（軍属を含む）です。

なお、硫黄島を除く、南鳥島では陸軍七一名、海軍一二〇名、合計一九一名その他、小笠原諸島として陸軍六二〇名、海軍三八二〇名、合計四四四〇名が亡くなっています。

2　塹壕等の状況

戦跡を調査すると全てについて、塹壕と共に大砲の砲筒先など、切り裂くように使用不可目的と思われる破壊の跡を目にするのですが、そうした処理の方法・時期等については、知り得る限り文献もなく経緯は定かではありません。一部、堀江元陸軍少佐の手記に以下の記載がある程度です。

「昭和二十（一九四五）年九月三日の正式降伏の後、十月初めに米海兵隊が父島・母島に進駐し、日本軍の将校全員の軍刀や拳銃の提出、そして、海兵隊の指揮のもとに毎日三から四千名の作業員を出して、占領軍の要望に応える形で、兵器弾薬の海上投棄・島の復旧をした」との内容から、これら作業の中で、順次、大砲等を使用不可とするための破壊行為が行われたものと思われます。

大塚が、一回目の赴任時、都道脇の公共基準点（杭）設置の際の掘削に伴って、かなりの数の砲弾が整然と埋められている状況とか、二回目の赴任時に戦跡調査で海岸を歩いていると赤茶けた砲弾を目にするなど、遭遇したりするのですが、今でも多くの兵器弾薬が、人知れず島内には残存しているのではと思われます。

3　軍事施設の説明

①「地帯標」と「標石」

島内を歩いていると、至る所で多くの朽ちつつも屹立した地帯標を目にします。

小笠原諸島は、島全体が要塞化したことから、軍事施設への立入り禁止区域であることを知らせる標識・標石が存在するのですが、様々な種類・形状があって、どの範囲を立入り禁止区域・境界としたのかなど、判然としないのが実状ではないでしょうか。

そして、種類としては大きく「要塞地帯標」「陸軍標石」「海軍標石」とあるようで「〇〇地帯標」の刻印以外に「陸」「海」の標示のみの高さ二〇㎝程の標石もよく目にします。戦跡としては、脇役的存在ですが、軍事施設の存在を証明する貴重な遺構であることは確かです。

②「高射砲」と「高角砲」

昭和十九（一九四四）年十月以降、小笠原諸島への空襲もだんだん激しくなって、陸・海軍守備隊は対上陸戦闘を重視することになり、陸軍の高射砲や海軍の高角砲を地下洞窟陣地に移設し始めます。

父島では、こうした移設（収納）された形の大砲が多く存在していますが、母島では一部は、塹壕内にあるものもありますが、多くは掘込みの平地に据えられています。そして、目にする大砲の通称「十二糎砲」は、口径一二〇㎜あり、呼び名は陸軍では高射砲、海軍では高角砲と呼称しています。

本戦跡調査での呼び名は、単に高射砲なり、高角砲と記載しました。

二 「長谷」師団司令部跡と「父島人肉事件」

大塚は、都道父島循環線沿いの「長谷」地域に存在する「第一〇九師団司令部壕跡」について、第一回目の赴任の際、多くの戦跡に詳しい支庁の田場川さんたちに連れられて訪れていました。そして、ここ司令部壕で戦時下「父島人肉事件」があった場所とも聞かされていたのです。

そうしたことを聞いた時、「えー!」という反射的な驚きの声以外、その場では、戦争という精神的異常事態の中で様々なことが起こっていたであろうなという推測以外、詳細は聞かず仕舞いでしたし、田場川さんもそれ以上は語ることは無かったと記憶しています。

その後、その内容を記載した小笠原戦友会編、原書房刊行の「小笠原兵団の最後」という題名の付いたコピー版、B6判の二四五頁に及ぶファイルを、年月の経過で少し変色しつつありましたが、整理する中で読むこととなったのです。

しかし、この資料を、どのようなルートで手に入れたか記憶があいまいで定かではありません。一回目の赴任の際にパラパラ読みはしていましたが、今回、改めて整理する中で、一気に内容を確認することとなりました。

併せて、壕の中に存在する碑文に関する「研究紀要」の内容にも目を通すこととなって事実関係の詳細を知ることとなったのです。

1　調査の概要

先ずは、父・母島含めて多くの戦跡調査を一緒に行ってきた支庁の同僚である松島亮一さんとの平成十四（二〇〇二）年十月二十日（日）十三時十五分～十三時五十分の記録となります。

当日、壕の手前で、都道を挟んで農業を手広く営んでおられる付近一帯の地主である間瀬さんと、調査で訪れた壕の前で車を駐車した際、偶然にお会いしたのです。

都道脇の壕への入口付近は、当然に民有地であって、正式には入るためには地主の許可が必要となります。日頃から、仕事の関係でよく間瀬さんを存じ上げており調査をしたい旨を告げ、即、快諾を頂きました。

この壕は、師団司令部跡ということもあって、また、父島人肉事件の現場ともなったことから、島の人はよくご存じで、特に地元の方は近寄ることはないのだというのです。

十三時十五分、一番西側の入口から入るべく、ブッシュの茂った斜面を三〇メートル程登ります。中は迷路のようになっており、総延長は二〇〇メートル程あるというのです。一度入っていることもあり、勝手も分かっていて懐中電灯をかざし歩くのにそれ程の苦労はありません。

しかし、塹壕調査の際は、迷わないためにヒモ等を頼りに目印にして歩くようにと言われています。先人が残したのか、既にヒモが残置されており奥に伸びています。入口から右折して、最初に水槽・炊事場の存在する場所に行きます。

この中央部入口の奥にある水槽上の壁に、当時、工事に携わった要塞勤務第五中隊山岡由夫一等兵の碑文が刻まれています。刻みは「右之者、昭和十九年十二月二十日、浄化槽従軍記念として記す」となっています。

浄化槽は、壕の中で三段構造となっており、水面以下は窺い知れませんが深さは三〜四メートルくらいはあるのでしょうか。狭い中でなかなかの構造の造りとなっています。関わった兵隊さんたちのご苦労が分かろうというものです。

「研究紀要」の内容では、山岡一等兵は左官職人ではなかったのではと推測しているのですが実に見事な表面仕上げで、今でも水槽として使用可能な状態にあります。しかし、こうした碑文は、当時の軍隊規律の厳しい中では許されなかったであろうに、よくぞ刻み残したものだと思ったりするのでした。

出口付近には、他の塹壕場所より少し大きめの竈《かまど》が残されています。最初の入口に戻るようにして、通路を右折し奥に入って行きます。司令部ということもあり、排水路らしき凹部となった簡単な溝が真ん中に造られて丁寧な構造となっており、縦・横二メートル程の立派な通路となっています。また、途中には、作戦室か居間なのか所々奥に掘り込んだ空間が存在しています。

父島の全ての塹壕にもいえることですが、扉・窓などの木枠、木材製品類はことごとく、朽ちるなりして散乱しています。多分に、当時はしっかり部屋として仕切り造られていたであろうに、父島は母島と違って、シロアリの影響によるものか、木枠は原形を止めているものはほとんど無い状態です。

東側への出入口は、約一〇メートル程の階段状になっていたというのですが、現在は崩壊しており登れなくなって、上端部に外部からの明かりが、「ボワー！」と差し込んでいるに過ぎません。

調査を終えて、南東側の出入口から出ます。都道から一〇メートル弱の所でした。十三時三五分です。

今回の調査では、水溜まりの存在は無かったのですが、雨の後などにはかなりの水深で、水浸しとなっている状況を、時たま覗いた時に見ることがあります。本日の状況は、水が引いた後のようで、通路の底部は場所によって、かなりぬかるんでいました。

色々な方の調査記録によると、この壕は司令部であったことから、全体規模は大きく四

～五段構造となっているという報告もあるのですが定かではありません。機会があれば、今後、しっかり調査をしてみたいと考えています。

さらに、松島さんが言うには、少し都道を北に進んで行くと塹壕の穴があって、この司令部壕と繋がっているのではないかという希望的観測から、都道沿いの穴を調査するも何も無さそうです。

師団司令部を調査して想うことは、どのように当時、立花元中将をはじめとして多くの兵隊さんたちが、この場所で過ごしていたのかということです。今は、地下水が滴る薄暗い塹壕の一つに過ぎないのですが、戦時下、司令部ということもあって多くの将校たちが出入りし、当時参謀であった堀江元少佐の手記にある「父島人肉事件」の宴会を起こした場所でもあるのです。

毎日、旧米軍の来襲を想定して、また事実受けて、極度の緊張の中で、さらには精神状態がおかしくなるような状況下で、規律・統制を堅持していくということは如何に大変であったろうな……などと想ったりするのでした。

2　父島人肉事件

父島における旧米軍の戦闘機の残骸三箇所について、支庁の同僚である小笠原ショーターさんこと「ジョン」の案内により、それぞれを現地に行き確認することが出来たのですが、旧日本軍の迎撃によって墜落した戦闘機は何機ほどであったのでしょうか。

残骸となって現地に存在する三機以外にも、あったのかどうかです。研究紀要にも、三機以外の記載は見当たりませんし、関連した資料は無さそうです。

大塚の通算五年間に及ぶ小笠原赴任期間で、小笠原に関する多くの資料を購入やら、提供を受け、十分ではないにしても保管してきて、それを今回改めて目を通す機会に恵まれ、折に触れて読んでいるのです。さらには、現在、関係する必要な本などは、購入して新しい知識を得るようにしています。

さて、兄島と東島の間、兄島瀬戸の父島東方海上に墜落したといわれる先代ブッシュ元アメリカ大統領は、若き頃二人乗り急降下爆撃機「カーチス SB2C ヘルダイバー」に搭乗して父島に飛来、迎撃され墜落しています。

そして、たまたま潜水艦により助けられ帰国して、その後アメリカ大統領に就かれるのです。ところで、制空海権を失った旧日本軍に対して、米軍は作戦時、戦闘機・潜水艦を、どれ程父島近海に配備し、攻撃をしたのでしょうか。また、何人の捕虜が戦争によって旧日本軍に捕らえられたのでしょうか。

紀要の記述によれば、第一〇九師団の立花師団長は、米軍捕虜一〇名のうち八名を殺害したとあります。こうした内容からしても、一〇名程が当時旧日本軍の捕虜になったのでしょうか？

「小笠原兵団の最後」の内容でも地上砲火によって、昭和十九（一九四四）年六月十五日、米軍が父・母島に対して、初空襲した時に二名、同年七〜八月三名、翌昭和二十（一九四五）年二月十六・十七日、五名計一〇名の米パイロットと同乗者が、何れも落下傘脱出に成功し、逮捕されたとあります。

この逮捕した捕虜一〇名の内二名だけを東京（内地）に送り、他の八名はあらゆる残虐行為と手段により死に至らしめ、そして、その殺害した捕虜の人肉を、異常な雰囲気の中で、陸・海軍幹部の宴会で食したとされる「父島人肉事件」が発生することとなるのです。

しかし、よくぞ意を決して、後世の戒めとするために、当時師団参謀であった「堀江少佐」が、手記の中で一部を書き残した勇気を想うのです。

内容が内容だけに少佐も、捕虜の扱いについて「勇気を欠き厳然断固たる軍の統制が出来ず多くの皆様に御迷惑をかけましたことを先ずお詫びします」と弁明しているのです。

当時の捕虜の取扱いに関する国際条約では、捕虜を博愛の精神をもって人道的に取扱うことを求め、捕虜はその国の軍隊と同等に捕虜を給養するよう規定されていたのですが、現実は尋常でない精神状態の中、また、集団心理の中で人間としてあり得ない目を覆う内容での殺害となったのです。

なお、こうした行為に対し、第二次世界大戦に伴う勝利国が敗戦国を司法の場で裁くという東京市ヶ谷での極東国際軍事裁判以外に、グアム島の地で裁判が行われ捕虜虐待に関して、五名は死刑、三名は無期、一六名は五〜二五年の禁固、一名は無罪放免の判決が下され、死刑判決となった五名について、現地で刑の執行が行われたことを、大塚は初めて知ることとなるのでした。

三　旧米軍戦闘機の残骸

小笠原には、第二次大戦時に旧日本軍によって撃墜された米軍の戦闘機の残骸が島内に何箇所か存在するということを人伝に聞いており、大塚は第一回目の赴任時三年間の中で、是非観てみたいものだと想っていました。そして、その機会に恵まれて、順次、それを確認することとなりました。

第二回目の赴任時には、長谷に存在する戦闘機の残骸以外、それぞれ改めて訪れる機会に恵まれ、その状況の変化を確認することも出来ました。その確認に当たっては、以下のような経緯の中で現地の三箇所を訪れています。

1　「ノースアメリカン P51D ムスタング」の残骸

第一回目の大塚の小笠原支庁への赴任は、土木課の庶務担当の係長でした。大塚は、昼休みに同僚の欧米系の子孫となる「小笠原ショーター」から声を掛けられたのです。

ショーターは、同じ係で経理的な仕事をしてくれており、島採用の職員でしたが、二年なり三年毎に入れ替わり赴任してくる職員に早くから馴染んでくれて親しみ易い好青年でした。

たまたま大塚の赴任に同行した三人の子供のうち、二人目の長男とショーターの子供とが男同士で小学校の同級生ということもあって、私生活面でも打ち解け話をする状況にあり、時にはショーターの自宅に伺って、奥さんともお会いする機会もあるなど、狭い小笠原の中で親しみをもって接させて頂いた家族でした。

その奥さんは、何処で出会ったのかすこぶる美人の方で、純粋の日本人と伺ったのですが欧米系の顔立ちの方で、ショーターは幸せ者と思ったものです。

ある時には、「うちの人は、どうも飲んでしまうとヘロヘロになって駄目なんですよ！」「いや、皆、男ってそんなものですよ！」とか、賢妻の奥様とやり取りをした当時の会話が今でも思い出されてきます。

そんなショーターは、大塚の三年間の赴任期間、格好良く髭を生やし、それは正に欧米系の子孫で目の色は薄ブルー、逞しい体格の小笠原の気候風土の似合う若き闊達な、そして、たまらない笑顔の裏に、少々、恐さを感じる特有のほりの深い顔立ちの男性でした。

「小笠原ショーター」、姓は漢字、名はカタカナ、こうした名前は島の欧米・南方系の方の名前となっています。第一章でも触れましたが、一八三〇年の最初の定住者から五代目となるショーターは、先代の明治九（一八七六）年の時、国際的に小笠原が日本領土として認められ日本人となり、その後、返還により「小笠原」の姓を名乗るようになったのです。

また、ショーターのお父さんは、当時はご健在で、今でこそ見掛けることは無くなりましたが、タマナの木をくり抜いた島伝統のサイド付きカヌーを見事に操り、手釣りの漁をしている姿が思い出されてきます。

そのショーターとは、個人的に小型ボートを所有していたこともあって、声を掛けてくれることも多く、秋から冬場の夜のアオリイカ釣り・湾内外の魚釣りに幾度も連れて行ってくれた情景が思い出されてきます。また、大型魚を三枚におろしていく巧みな手さばきには、誰しもが見惚れていました。

大塚は、小笠原という亜熱帯の場所柄、他の人と同様に執務時は軽装・運動靴履きを常としていましたが、ショーターは開放的とはいえ、執務中どうかと思ったりしましたが、サンダル履きが似合っていました。

そのショーターの愛称は「ジョン」で、島の人たちはジョン！　ジョン！　と呼んでいたのです。

日本的には、人を呼ぶ場合「ジョンさん」というのが普通ですが、島では親しみを込めてジョンということから、初めは呼び捨て的で少々抵抗があって、また、ためらって呼んだ後、暫くの間、本人の顔色の反応を窺うというのが続いたりもしました。同時期赴任した一人は、同僚をジョンとは呼び捨てと思うのか、日頃から「ジョンさん」付けにして呼んでいたのです。そうしたことが、小笠原支庁に赴任して、感じる最初の戸惑いであって人それぞれ考えながら、また、悩みながら島の人とは対応していたのです。

日本では、自分の子供を呼ぶ場合などは、「〇〇さん」とは言いません。呼び捨てで呼んで、子供はそれに応えるのが自然となっています。それが、慣習であり、礼儀なのですが、親しみを込めた愛称とはいえ、大人のさらに他人である名前を、子供を呼ぶように呼び捨てにするのは、どうもためらってしまうのでした。

しかし、慣れれば、却って、呼び易いから不思議なものです。また、本名の「ショーターさん」という呼び名は、特別の時以外呼ぶことはありません。例えば、書類上は、「ジョン」ではなく「小笠原ショーター」となるのですが……、それは当然です。

大塚にそのジョンから、ある日「係長、休みの日は何をやっているんですか、今度の土曜日にでも小笠原を案内しますよ、運動のためにも山を歩きませんか、今、非常に良い時期ですよ！」と声を掛けられたのでした。

島の人、特に、欧米系の人から声を掛けられた場合などは、先ずは丁寧に答えるべきと赴任に際して、経験者からそれとなく聞いていたことから、即座に、「何処に行くの？」と応じていました。「戦争当時のアメリカの戦闘機の残骸を観に行きませんか！」というのです。「ホーッ！」

ある土曜日、案内人であるジョンを、大塚の車に乗せ二人して都道父島循環線（第二四〇号）を奥村集落から左折して、奥村川の橋を越え咸臨丸墓地を左手に観て、勾配のきつい曲がりくねった整備された山道を進んでいくことになります。

その場所は、眺望豊かな「旭山」の山ではなく旭山という地域で、それは民間企業の敷地内にありました。「ここから入っていくんですよ！」というジョンの案内で、都道と敷地境界線であるネットフェンスの空きのある付近に車を駐めてその周りにブッシュの無い落ち葉で敷き詰められた踏み跡らしき所を十五分程歩いたでしょうか。

途中には放置された青い碇マークで刻印された、今でも手に取って使えそうな白の「ぐい呑み」を確認しつつ、一帯が旧日本海軍の陣地であった痕跡を感じつつ、いよいよその場所にやって来たんだということを認識して、ジョンの指さす先の「これだよ！」との言葉で、目の前の戦闘機の残骸に遭遇したのでした。

その残骸は、独特の亜熱帯のブッシュが生い茂る谷間に散在しており、戦闘機の翼部分には、アメリカ軍の戦闘機の標章である星印が早々に目に飛び込んできました。

訪れた時は、墜落後五十年近くが経過していたであろうに、そして、風雨で劣化しつつある中で色鮮やかに翼部分の材質のジュラルミンの表面上にその標章が残っていたのでした。「ホーッ！」確かにアメリカの戦闘機の残骸です。それは、旧日本軍の迎撃で空中で破壊されたのか、それとも、この地に墜落して衝突時の激しさで破壊したのか定かではありま

P51D

せんが、片方の翼部分の三分の二程は原形を止めていますが、他は幾つかの塊となってどの部分か定かではないような状態です。そして、自分なりに調べてみると、この戦闘機は、一人乗りの「ノースアメリカンP51Dムスタング」という機種らしいのです。

特徴のあるエンジン部などがはっきりしないこともあって、定かではないのですが東京都立小笠原高等学校の「研究紀要」には、「旭山」地域の別称「旭平」の戦闘機の残骸は、P51Dと記載されています。

十年ほど経って、二度目の赴任の際にも再び現地を訪れました。どなたと行ったかは記憶も定かではありませんが、同残骸を確認した際、全体の形状の変化はなかったのですが、かなり鮮明に標章が残っていた翼部分の星印は、その後の年数の経過でほとんど消えた状態になっていたのが残念な想い出となっています。

2 「ゼネラルモータース TBMアベンジャー」の残骸

これもジョンから声が掛かって行った戦闘機の残骸です。本来の目的は、戦闘機ではなく、小笠原オレンジの季節、秋の十月の時期と記憶していますが、昔、戦闘機が墜落した場所には人が住んでいて、小笠原オレンジが植えられ、この時期には多分に黄色く熟成しているから、戦闘機の残骸を観ながら採りに行こうと誘われた山行きでした。

当然に、民有地ですから入山に当たっては、所有者に断らないといけないのですが、さらにはオレンジの採取となればなおさらです。しかし、確認のしようがありませんので、悪しからずとなります。

「長谷」の元師団司令部のあった場所から、都道沿いを巽道路のある方向に一〇〇メートル程進んで左側の凹部、両側に歩き辛く覆い被さるように細い竹が茂っていたと記憶していますが、そうした沢の谷筋を吹割山頂上方向を目指して、約二十分程を遡ると左岸側の山斜面に戦闘機の残骸らしきものが存在していたのです。

年数も経過して、また、墜落の衝撃が激しかったのか、これが戦闘機ですよ！と言われても「はて、そうなのか？」と想うような鉄の塊が落ち葉に埋もれるように、露出している状態であったと記憶しています。

同様に、「研究紀要」によれば、墜落機種は、三人乗りの「艦上攻撃機（雷撃機）ゼネラルモータースＴＢＭアベンジャー」という米軍機とのことです。

当日は、小笠原オレンジの木には、見事なまでに熟成した黄色い実が鈴なりに付いていました。

都道から、かなりの谷筋の斜面を登らないと到達出来ないこともあり、オレンジは熟しても長年そのままとなっているようで、誰も採りに来る人はなく、また、知られることなく忘れられて野鳥の良き餌になっていたのではないでしょうか（？）木の成長も縦方向に伸び放題で、オレンジの木がこれ程も高く成長するものかと暫し見惚れたのでした。

ジョンが、南京袋を事前に用意していたこともあって、採り放題、熟成したオレンジを袋に入れると同時に、先ずは試食をするのでした。そのオレンジは、高い位置に実っており、おっかなびっくり登って採り込んだのでしたが、一個のオレンジも大きく成長しており、帰りの沢筋の下りも結構きついことも想定され採取個数もそこそこにして引き揚げたのでした。オレンジの採取時期もタイミング的に良かったのか、最高に美味しかったことが思い出され、舌鼓を打つのです。

TBM

なお、こうしたオレンジは、鳥類だけでなく固有種オガサワラオオコウモリの餌になるだろうかなどと想ったりもし、オレンジにかじりついている「ぬいぐるみ」のような姿を想像したりするのでした。オガサワラオオコウモリは、小笠原唯一の哺乳類であり貴重な固有種です。

赴任中、夜間至る所で飛行姿を見掛け、幾度来接写を狙いに狙ったのですがそれが出来ず仕舞いで、島の方からドンピシャ！　一メートル程の距離で撮ったという見事な写真を頂きましたが、昼間は島に何箇所か存在するという高い木の営巣場所に固まって行動しています。そして、夜一斉に餌取りに出掛けるのです。

固有種 オガサワラオオコウモリ

その分かっている営巣場所の幾つかに、当時撮影したくて何度か夜・昼と訪れましたが、木が高く望遠レンズで狙っても簡単に撮れるものではありません。また、数メートルの所で存在を確認出来、懐中電灯を三本程束ねて照射するも明かりが届かずプリントしても黒い塊で諦めざるを得ませんでした。

餌は、不思議と思わず言われるまま、フルーツ！　と考えていたのですが、そうでもなさそうです。確かに、普通のコウモリは、通常、蛾などを餌にしているのであって、オガサワラオオコウモリの夜行性は変わらないにしても、主食をフルーツにしているのです。但し、北硫黄島に棲息するオガサワラオオコウモリは、外敵もいないことから、昼間に行動しているとの文献もあったりしますが……。

このため、オガサワラオオコウモリを、島ではフルーツバットと呼んでいますが、考えてみれば大陸と隔絶したことに伴って、生きていくために本来の餌を変えた「島の生き物たちの進化」の一つの姿なのです。

支庁に勤めていた年配の島採用の方が微笑みながら、昼時に話していたのですが、戦前はよくオガサワラオオコウモリを捕まえて食べたのだというのです。そして、フルーツを主食としていることもあって、さらに大型哺乳類でもあることから、「その肉は柔らかく、美味しく頂くことが出来た……！」と、言われるのです。

当然のこと、現代では賞味することなど出来ないため驚きですが、オガサワラオオコウモリ、どんな肉でどんな味がするのでしょうか？

3-1 「急降下爆撃機 カーチス SB2C ヘルダイバー」の残骸

境浦の飛行機の残骸も、第一回目にジョンに紹介して貰ったうっすらとした記憶ですが、正確には誰と行ったか定かではありません。ジョンでしょうか、改めて、ジョンに会って聞いてみたいものです。

二回目の現地行きは、小笠原支庁の同僚の松島亮一さんとの戦跡調査の一環でした。それは、平成十四（二〇〇二）年九月二三日（月・祝）に訪れた際の記録です。

都道循環線の新しく架かった濱江橋の手前の駐車スペースに車を置いて、先ずは貨物船「濱江丸」の残骸を撮れる洞窟（壍壕？）に行きます。

十年前にも撮ったアングルですが、何回撮っても飽きない情景です。暫し、アングルに眺め入ってしまうほど素晴らしく撮れるのです。それも訪れた時は、たまたま逆光の時間帯で海面が見事に輝き、何ともいえない光景でした。

この洞窟は、戦争当時、魚雷艇「震洋」（小型特攻兵器）の格納庫として使われた場所なのか（？）戦史にはその記述は無いのですが、立派な洞窟となっています。大きさは、横六～七メートル、高さ三メートル、奥行き三〇メートル程はあろうかという穴です。

満潮時なのか、波が洞窟付近まで押し寄せて、歩き濡れないように注意して岩場を飛び跳ねて渡って行きます。

戦闘機の残骸は、洞窟から少し浜を進んだ山裾の上にあるのです。しかし、記憶が定かではなく何処にあったか、見当を付け山裾の崖の上に登ることになりました。一〇メートル程の直ぐ上、見当ズバリ！で残骸の場所に到着です。

洞窟から「濱江丸」の残骸を望む

十年前の記憶どおり、残骸は同じように残っており、当時は無かった十字架が海に向けて設置されていました。亡くなったパイロットか同乗者のご遺族か、それとも関係者が来島され、設置したのか定かではありません。戦争を二度と起こしてはならないと、警鐘を鳴らしています。

飛行機は、二人乗り急降下爆撃機の「カーチス SB2C ヘルダイバー」とのことです。戦争当時、かなりの数の艦載戦闘機、急降下爆撃機が来襲したとのことでしょうが、その内、このように迎撃された戦闘機の乗員はどのようになったのでしょう。そんなことを想いつつ、写真を撮り続けるのでした。

父島の墜落した飛行機の残骸の状況を観るに、原形は無いにしても境浦は比較的保存状態が良い方ではないでしょうか（？）特に、車輪部分、翼部分など保存状態がかなり良いようです。残骸は三箇所に散っていました。エンジンと胴体部分が見当たりませんがどうなったでしょうか？

下に降りて、海岸を歩くとコンクリート造りの銃座が波打ち際に不釣り合いにポツンと残っています。人が一人何とか入れるかどうかの大きさです。

SB2C

当時、ここに人が入って敵を迎え撃つ訓練をしたのでしょうが、実に狭い空間です。訓練を含めて、一人で心細かっただろうなどと思いながら、境浦を後にするのでした。

そして、戦争の惨劇が繰り広げられた情景とは別の世界、浜辺の波打ち際では、アベックが楽しそうにおがさわらの夕暮れの一時を楽しんで、はしゃいでいる声が潮騒と共に伝わってくるのでした。

3-2「急降下爆撃機 カーチス SB2C ヘルダイバー」と「ブッシュさん」

アメリカ元大統領であった先代のブッシュさんが、兄島「家内見崎」と父島東方の「東島」との間の兄島瀬戸の東の海上に、第二次大戦時二人乗り急降下爆撃機カーチス SB2C ヘルダイバーの後部座席に搭乗し飛来したのです。そして、旧日本軍の迎撃によって撃墜

翼部分の残骸

車輪部分の残骸

十字架

された際に亡くなった、パイロットであった戦友の慰問を兼ね、墜落場所が眼下に観える父島「長崎展望台」を平成十四（二〇〇二）年六月、訪れたのでした。

ブッシュさんは、当時二十代前半の若き軍人だったのでしょう(?)潜水艦によって、ブッシュさんは助けられ、その後、アメリカの大統領となるのですから、人間の運命とは本当に不思議なものです。

ブッシュさん、当時、撃ち落した側のイワタケさん、ご案内した際に、現在は、ハワイに住まれているとのことから国籍を取得されたのでしょう（?）カタカナ名になっていましたが、お二人が展望台に並んだのです。

そして「硫黄島の星条旗」著者のブラットリーさんも加わって、三人が敵対関係にあった過去を懐かしむように、長崎展望台で墜落した付近の海上、撃ち落した側のイワタケさんと迎撃場所などを、お互いに指さしながら談笑の英会話が、暫時、交わされたのでした。

余談ですが、当日、大塚は視察車の運転手を仰せつかったこともあり、お礼にとブラットリーさんの著書である文春文庫版588頁の分厚い『硫黄島の星条旗』に、目の前で「To Otsuka-san-Thank you!（ジェイムズ・ブラットリー）ogasawarajima June 18, 2002」とサインをして頂いたのです。現在、小笠原赴任時の宝物の一つとして、大切に保存しています。

なお、ブッシュさんの来島は、アメリカCNNテレビがドキュメンタリー番組として特集したもので、アメリカ本土で後日、記録としてテレビ放映されたとのことです。

このようにブッシュさんは、運よく助けられたのですが捕らえられ捕虜となった人の多くは助かることなく戦争という惨禍の狂気の中で亡くなっていくことになるのです。

四 「幽霊話」と母島「戦跡」の数々

1 幽霊話

大塚は、港湾課で進めている島内の沖港及び東港の工事の進捗状況を確認すべく、父島から母島に定期船「ははじま丸」で、一～二箇月に一度は、島間を往復していました。

時に、急きょの諸行事などで訪島することもあったのですが、そうした母島への往復を楽しみにしていたのです。さらには、時間が許せば土・日等、大自然豊かな母島を知るために、さらには健康・体力保持を兼ね、乳房山に足繁く通い四季折々の動・植物の姿を観ていました。

この母島への出張ということになれば、新装された母島出張所の二階に港湾課分室としての執務室と寝泊りの出来る六畳間が設置されていたことから、先ずは伺って快適に過ごすことが出来ていました。

そして、朝夕の食事時には、出張所内に設置された食堂に事前に申し込んでおけば、母島で採れたての美味しい野菜・魚の手料理を定時に安く頂くことが出来ました。

母島出張所二階の港湾課分室は、正に快適なのですがそうした建物が無かった時代、以前は工事監督などで母島に出張した際、経費節減のため民宿にお世話になるのではなく、「港湾事務所」と称する仮設の平屋建てプレハブ小屋で寝泊りをして、島間を往復していたのです。

その時代の港湾課の先人たちの苦労話の多くを、第一回目の土木課赴任の時から人伝に聞いて、中には幽霊の話もあって、今時、非科学的な話と思いつつ聞いていたのです。それでは、そうした語り継がれていた「幽霊話」について、先人たちの話の一部を紹介させて頂くこととします。

それは、当時のプレハブの港湾事務所に宿泊した幾人かが実際に遭遇したとのことで、どんな幽霊が出るのかというと、あまり定かではないようですが、男性のように思える亡霊が、ぼーッと部屋の中に観えるとか、人によっては金縛りにあったりするというのです。

その正体は、戦時中にこの島で飢え死にした旧日本軍の兵隊さんの亡霊ではなかろうかと言われるのです。今もこの島の至る所に、そうは言っても知る人しか知らないのですが、林を分け入ると戦時中に造られた塹壕《ざんごう》の多くに辿り着きます。そこには錆び付いた高射砲とか分離した砲座が、そのままの状態で残っています。

当時、食糧は乏しく、海岸に漁に出ると旧米軍機の機銃掃射に遭うため、山の中に隠れているほかになく、飢えで苦しみ亡くなった方がいたというのです。聞いた人は、創られた幽霊話だろうかというのですが……。観たというある先人は、語ることすら恐ろしい！とためらったりするのです。

さらにある人は、母島での常駐は絶対嫌だと主張し、挙句には母島に行きたくないと言い出す始末です。ある時、監督のために母島を訪れた先人が、そのプレハブ造りの港湾事務所に泊まった時の話です。

真夜中、蛇口からポトリポトリと水の滴る音がするので、酔い覚めの水を飲んだ時、蛇口を完全に締めなかったと思い出して起き、蛇口を締めるために流しに、しかし、その流しは幽霊の出るという部屋を通らねばならないために臆病者の先人は勇を奮って、そろりそろり行ったのですが、その流しの前に立つと水の落ちる音は消えたというのです。

戻って再び布団に入って暫くすると水の滴る音が聞こえ始め、何の音だろうか（？）想い出すたびに背筋が寒くなったとのことです。その先人は、話に聞く幽霊とは遭遇しなかったようですが……。

後日、本庁の離島港湾部からの出張者が、当時の港湾局の幹部のお供をして、母島を訪れ幽霊話を聞いたのです。責任・義務感にかられた職員は、たまたま僧籍であった幹部に職員のためにも幽霊が成仏するように祈って貰いたいとお願いしたというのです。

翌朝に、神妙に「祈ってくれましたか！」と打診すると「祈る訳ないだろ！　お前たちはお布施を出さなかったじゃないか……」との真顔での返事、もう全く唖然！　開いた口が塞がらないとはこうしたことを言うのでしょうか！　そして、朝食時に「祈っておいたよ！」の言葉と併せて、お布施談義をたっぷりと聞かされたというのです。こうした幽霊話には、様々な尾ひれがついて、話は現代に続くのです。

戦争当時、父・母島は、旧日本軍により島全体が要塞化した中で、特に、硫黄島玉砕という悲劇以降は、食糧物資の本土からの輸送は滞り、時には皆無となって厳しい飢餓状態に陥ったことは想像に難くないところです。これらの様子は、各種資料から多くが綴られています。

その一部には、高温多湿の気候と水質不良も加わって、衛生状況は悪化し、栄養失調者が二割に達する環境下のもと、陣地構築という重労働を強いる壕掘り作業が日課となって、昭和十九（一九四四）年十一月から翌年四月に掛けては、多い時で月に四四回ともなる空襲・艦砲射撃もあったりで、空腹と疲労に睡眠不足が重なるという状況になったようです。

ある手記によれば、戦友に「自分の肉を食って生き延びてくれ！」という遺書と、辞世の句「羽根落ちて 枯れ枝に死すやせがらす」を書き残して自殺者が出るなど、地獄絵に似た状況で敗戦を迎えているのです。

幽霊の話は、単なる創作ではなく、様々な数奇な運命を辿った小笠原ならではの、特に母島の極限の戦時状況を今に伝える変化した史実の一つではないでしょうか……。そんな非科学的な話を、まともに考えたりするのは大塚一人だけでしょうか？

2　戦跡「母島（静沢・評議平・中ノ平・舟木山）」

父島の戦跡調査でも、幾度となく一緒に進めてきている同僚の松島亮一さんとじっくり調査をしようとなって、また父島の戦跡調査がほぼ一段落したこともあって、休暇を取っての母島行きとなりました。

今回の調査は、以前から楽しみに計画していたもので、村の戦跡調査表もあることから、その資料を当てにしての調査です。

それは、平成十四（二〇〇二）年十一月一日（金）～四日（月）の記録となります。

こうした記録だけでは、「幽霊話」にあるような戦争末期の飢えの極限状況を知り得ることは出来ないのですが、一つひとつの戦跡を訪れることで、静寂とした平和の中で、当時の兵隊さんたちの日々想い描いた心境、行動の一面でも垣間見ることが出来たのかな！と想ったりするのです。

① 海面砲台（静沢《しずかさわ》八〇高地海軍施設）その一

一日目は、十年前の赴任の際に、支庁母島出張所の同僚に案内されての見学でしたが、まさか今回、このような形で戦跡調査を自ら実施することになるとは思いもよりませんでした。当時は、確かに凄いものが残っていると思いつつも、専門的に調査するまでに至らなかったからです。

十一月一日(金)、おがさわら丸の入港日、接続便で母島に来て、宿に荷物を早々に置いて、十五時十五分出発です。

初めて訪れた時は、鮫ヶ崎の先端にある母島のモニュメントから、草付きの斜面を北方向に移動して探し、ようやく砲台に辿り着いたのですが、今回の調査では戦跡調査表に掲載の別図を参考に、村道静沢線《しずかさわせん》路肩の石積部(十五時二五分)から入ることとなって、斜面を海岸沿いに下降するように進み、早速、「海七」の地帯標に十五時二八分遭遇でした。これは、調査に当たって、その目的を達成出来そうな幸先良い兆候であることを確信するものでした。

そして、斜面に沿って下るようにして、一つ目の塹壕に到着です（十五時三五分）。早々に懐中電灯を照らして中に入り、奥行きは一〇メートル程、中は特段何かあるという状況ではありません。十五時四五分には、二つ目の塹壕に到着、中は崩壊が進んでおり、危険な状況です。

母島には、シロアリがいないこともあって、銃剣を立て掛けたであろう木製品の枠が、ほとんど原形を保ちつつ、左右の壁に立てられています。

入口部は狭いこともあって、体を伸ばしながら腹ばいになってほふく状態での出入りとなります。ここからが大変で、海岸沿い断崖上を行ったり来たりで、なかなか目的地に辿り着きません。

「海七」と刻印された地帯標

過去の記憶が曖昧ということもあり、また、当時、連れて行って貰ったということもあってか、漠然としか位置が分からない状況です。
地図に記載のある「帆掛岩」の少し手前付近の斜面を、ギンネムを掻き分け草付き斜面を下った断崖上に、コンクリートの枠を発見、ようやく着いたのか！という感じです。
地下洞窟内には、安式十五糎砲が、錆びて朽ちた状態で残っています（十六時二三分）。

発電施設があったのでしょうか（？）大砲の横壁には配電盤なのか、そのままの形で残っています。十五糎砲というこ ともあり、重量的にも操作に当たってはモーターの力を利用したと思われます。そうした電動操作による痕跡を今に伝えているのです。

ここの砲台は、昭和十六（一九四一）年六月、対米関係の緊迫化に伴い、母島沖港防備のための最初の海軍施設といわれているのですが、施設そのものの保存状態は極めて

安式十五糎砲

良い状態です。
日没が早く、十七時前には真っ暗になってしまうこともあって、また、地理がはっきりしないこともあって、早々に施設を後にしたのでした。帰りのルートを何処に取ろうかなどという不安は吹き飛び、斜面にはロープが張られています。そのロープを頼りに斜面を登っていくと平地に出て、しっかりとした遊歩道的な道が造られています。
母島は、「母島観光協会」が戦跡の保存に力を入れており、その証の整備なのでしょう。また、道路脇には、当時、防備衛所、発電所、水槽、兵舎等々が立ち並んでいたのか、そのコンクリート基礎のみが連続的に残っています。特に、コンクリートの保存状態は見事

なもので、今でも新たに基礎として、そのまま使用が可能な状態で当時の高度な造営技術を窺わせ、技術力に長けた職人気質の軍人さんの構築によるものなのでしょう。

帰り道は、遊歩道的な所を、軽快に歩を進めることが出来ました。出口は、村道路肩の石積みの端部、先程、苦労して探しに探して入った位置より、三〇メートル程しか離れていないのです。何たることか！　松島さんが、「戦跡とはこんなもんですよ！」と簡単に言うのです。

薄暗くなりかけた村道との合流点に十六時四五分到着です。雨が降りそうでしたが、何とか降られないで、一日目の調査を無事終えることが出来ました。

②　海面砲台（静沢八〇高地海軍施設）その二

午前中から戦跡調査をと考えていた所、日頃の心掛けが悪いのか、朝からどうも雨模様となっています。同宿のお客さんは、測量支度をして雨の中、案内役としての宿のご主人と一緒に出掛けて行きます。

我々も、空模様を見ながら十時の出発にしようということになって、また、母島は細長い島でもあり、北港方面は雨も止んでいることもあり得るとのことから、北港の赤石浜の砲台調査をしようということで、弁当を持って、いざ！　北港は雨でないことを期待しつつ出発したのですが、出発時刻になると雨は降り出し、さらに激しくなるばかりです。

途中、すれ違う北港方面から来たダンプの運転手に様子伺いをしてみると「北港、降っているよ！」とつれない返事が返ってきます。折角来たのだから、駄目もとで北港に行ってみようとなって、着いてみると激しく降っているではありませんか！

雨の中を海岸の岸伝いに赤石浜まで行くのは、滑って危険だという判断で、また、どう見ても雨は激しくなる一方、止みそうもないことから、止む無く宿に戻って、暫時、様子見で調査は十三時からということになりました。

午後、雨は何とか上がったこともあって、北港行きを変更、近くの戦跡をということで、宿に十三時に集合、村道を車で行き、十三時五分その村道を登り切った所で車を止め、調査表にある地図を頼りに稜線伝いを下降、先ず十三時十五分に南向きとなった十二糎高角砲に到着です。

大砲は、ほとんど原形を留めており、見事なまでの保存状態、雨後で茶光りをしています。塹壕内にあるのではなく、掘り込んだ凹状の窪地の台座上に設置してあるのです。こうした状況は、母島砲台の特色でもあります。

あいにく雨が降ってきて、大砲の茶光り状態が増しています。今でも即、実戦可能な状態で凄さを感じます。

地図上では、外の二門（砲）も近接しているはずであり、近くを探し回るのですが見当たりません。暫く探し回るとその内の一門を十三時三十分に発見です。旧軍用道路と思われる脇に、台座と分離して横たわるように置かれています。最初の一門目と違って、大分朽ちて落ち葉の中に横たわっています。しかし、三門あるという最後の三門目がなかなか見当たりません。もう一度、最初の十二糎砲の所まで戻って探すこととします。かなり、稜線を下降したのですが見当たりません。

うろうろしていると、草むらの中に機関砲の台座に遭遇です。十二糎砲の台座ではないと皆で確認しながら見つめ合うのですが、三門目を探し出せないのです。

逆に稜線の上に登ろうということになって、暫く行くと十四時五分、またしても、機関砲の台座です。部分的に機関砲の一部が台座に付いています。周りをコンクリートの壁で囲まれており、ハンドル部の保存状態も良く、しっかりした構造で残っています。

十二糎高角砲

この機関砲から一〇メートル程離れた所に、三門目の十二糎砲を十四時十分ようやく探し当てました。台座の円形部から分離して横に倒れています。それ程、雨は降っているわけではないのですが、靴まで雨が浸み込んで来ます。雨の中の戦跡調査は本当に大変で、靴は小笠原特有のラテライト質の赤色土が、靴底及び周りに付着して歩き辛い状況です。黒色の靴も茶色に変色しています。

予定した調査を終了、十四時二五分車に到着です。

③　見廻山防空砲台（評議平、見廻山）

雨足は弱くなったのですが、雨が上がったという状況ではありません。しかし、折角の機会、次に行こうということになって、行き場所は同行の田原さんが知っているという畑の中の大砲です。

農業用の貯水池として造られた玉川ダム行きの農道をかなり登って、途中、右に折れ、見廻山の一番高い所まで車で行き、周り一面が農地で開墾され尽くしている場所です。農地の畑土は、赤色土ではなく、黒系の土で腐植土として、農地に適した色合いをしています。このような土も、小笠原にあるのかという素晴らしい土です。この評議平の地は、新たな開墾地ではなく、長らく農地として造り上げられた地域なのでしょう。

十四時十分、車を止めて農道を五〇メートル程登ると、十二糎砲が目の前に三門あるではありませんか。色々な方の写真などで、その大砲の勇姿を観たことがあったのですが、自らの目で確認出来て感激です。畑の中にあり、足の踏み場所に注意しながら大砲に近づくと、田原さんも気にして、土地の所有者に断ろうということで探すのですが見当たりません。

そうは言っても、無断では気が引けることから、「失礼します！　大砲を拝見させて頂きます！」の言葉を連呼しながら、先に左側の十二糎高角砲を観ることにします。農地の位置より、一メートル程高くなった所にあります。

砲筒は、御幸之浜方向からの敵上陸に備えての防備のためか、その方向を示しています。若干錆びてはいますが、ほぼ原形を保って素晴らしい保存状態です。

その一〇〇メートル離れた右手方向の位置に、さらに二門が並んで置かれています。調査表によると、畑の整備のために元あった位置から東端に移動したとのことです。二門共に十二糎砲で、向きから同様に御幸之浜方面の防備のためと思われます。一門は、移動に当たって砲筒が天空を望んだ形となって、また、二門共に砲筒の先が一部欠けています。終戦に伴い、使用出来ないようにするための破壊によるものでしょう。

これらは、それぞれ畑の中にあり、観光ということになれば、遊歩道的なものを検討し、畑への無断立入りをしないようにしなければならない状況です。

並んで置かれた十二糎砲

高台の十二糎高角砲

④ 御嶽神社東北高地防空砲台（評議平）

さらに調査をしようということで欲張って十五時十五分、元地集落近くの御嶽神社の階段下に車を止め、方角的に東北方向に二〇〇メートルの「九〇高地」に行くこととなりました。

階段を上って、神社の祠を左に見て、ビニールハウスの上手、藤堂さんの畑です。十五時四十分、調査表記載にある稜線上ということもあって、その稜線に分け入ったのですが竹笹の密生状態がすごくて、かなりしんどい歩きとなりました。実際は土地勘があれば、農道があるため、簡単に目的地に辿り着ける場所でした。

十五時四五分、一つ目の機関砲の基礎部分が、正に畑の真ん中にそのまま残っています。耕作上邪魔になるはずなのですが、畑の所有者である藤堂さんの好意によるものなのか、撤去は可能であったろうにそのままとなっています。

十五時四七分、二つ目の機関砲が、畑の端部に無造作に保存されています。これも小笠原なのでしょう。本当に、将来の戦跡保存のためには対策が極めて大事であることを痛切に感じるのでした。

続いて、正面の林の方向に若干登ると、直ぐに、その中に十二糎砲が透けて観えるではありませんか。探すことなく発見できて安堵感が漂います。沖港防備のための砲筒がこちらを向いています。掘り込んだ中に、そのまま野ざらしで保存され、若干錆びてはいますが、保存状態は見事なもので、原形を留めています。もう一門が先にあるという。林の中に踏み跡がはっきりしています。

しかし、なかなか見つけ辛く距離的に行き過ぎたきらいがあり、戻って、若干東側に入って高角砲を探し出し、十六時六分確認です。砲筒は、御幸之浜の方向を指しています。同様に、保存状態が極めて良く地理的に便利な所にあり、観光施設としての価値があります。気を付けないと無神経な観光客が畑に勝手に入って踏みつける恐れがあり、同様に遊歩道の整備が改めて必要であることを感じます。

本日の昼からは、八門を調査することが出来、大変な成果でした。早い日暮れです。薄暗くなりかけた道を、車のあるところまで急ぐのでした。快い疲労感が、膝の痛みと共に伝わってきます。

⑤ 沖村海面砲台（評議平）

本来であれば、自分だけ漁師の田代さんの好意によって、メカジキ漁を見学する予定でしたが、早朝、四時四五分に漁港に行って状況を判断することとなって、昨日の予報では海上は凪《なぎ》で「いいぞ！」といわれていたのでしたが、残念無念、当日になって風強く休漁となってしまいました。

そんなこともあって、三日目の戦跡調査に合流です。風はあっても、天気は晴れ、戦跡調査にはもってこいの状況です。

最初は、沖港東側の防波堤の付け根にある海面砲台です。評議平のグラウンドに車を置き（八時五十分）、グラウンド横の尾根を乗り越えて、急斜面を滑るようにして、防波堤付け根の岩場に出ます。気を付けないと危ない状況です。

慎重に岩場を横断して、入口を植物の「クサトベラ（ハスノハギリか？）」で覆われた中に入って行くと、そこには、砲筒と台座が分離された形で大砲があるではありませんか（九時五分）。調査表では、十二糎砲となっているのですが、大きさから明らかに十二糎ではありません。定かではないのですが、十四ないし十五糎砲ではないでしょうか。

コンクリートのしっかりした塹壕の中は、木々が散乱しており、横の棚には木で加工した視準器らしき木製品が二つあります。大砲は、砲先が土で埋もれており、砲筒そのものが朽ちています。コンクリートの天井には、吊り具が装着されていて、これらからも、十二糎砲ではないことは明らかです。

砲台は、通路により左右に分離されており、大砲は二門、真ん中には監視壕があって、構造的に立派な陣地となっています。

残念なことに、砲台から奥に設置された連絡通路がそれぞれ崩壊しつつあり、その最奥部の崩壊場所まで、縦二・五メートル×横二・〇メートルの立派な通路斜面を登ったのですが、突端に行くほど湿度が上がって、最後の所は一〇〇％の蒸し風呂状態となっていました。

外にも、連絡通路が縦横にあるようです。息苦しくなり、早々に退散です。また、壁面が朽ちており、危険な状態です。酸素濃度計を持参しなかったのですが、戦跡調査には必要に応じて、濃度測定をしながらの立入り箇所が存在するのではないでしょうか。

入口部に戻ると潮風が強く入ってきており、先程蒸し暑かったせいか、極めて心地良い状況です。戦後六十年程（当時）が経過して、年月の変遷を感じます。陣地の設営を観ると、面取り、天井のはげた所から覗く鉄骨入りの番線網など、当時の兵隊さんたちの土木・建築技術の水準の高かったことを感じるのです。そんなことを想いつつ、塹壕の中を眺め回すのでした。

外に出ると、グッドタイミングで沖港には「ははじま丸」が入港してくる状況で、カメラアングルを色々と考えシャッターを押していました。天気も良いし、最高の撮影日和です。帰りは、急斜面の登りで木に摑まりながら慎重に登って、この辺が本来であれば、砲台への入口があったであろうといいながら、出発地のグラウンドに辿り着き、安堵の中で九時五二分小休止です。

⑥　中岬北側高地防空砲台（**評議平**）

十時十分、営農研修所前の駐車場に車を置き出発です。ここの一門は、十年前の赴任時に案内されたところでしたが、今回の赴任に当たって、場所を思い出せなかった場所です。

十二糎高角砲

十二糎高角砲

一門目は、板垣さんの畑の端部にあります。前に来た時は、畑の周りを廻っての対面でしたが、今回は、畑の真ん中の通路を辿って、ズバリ、正面での対面（十時十五分）となりました。ようやく逢えたという状況です。どこだったかということもあり、本当に感激です。ここの十二糎砲は、台座の半分が草むらに埋もれ、パパイヤの木の横にあるという代物、沖港方面に砲筒を向けています。保存状態は極めて良く、暫し、カメラを向けながら余韻を楽しむこととしました。

この辺全て、板垣さんの畑という。色々な作物が作られており、手入れが行き届いています。続いて、斜面を登るように水タンクの横を通り過ぎて十時二五分、二門目の十二糎砲に辿り着きました。ガジュマルの中に砲筒を沖港方面に向け、さらに、斜め上を向いて、保存状態がすこぶる良い形で残っています。

しかし、砲筒先端部が一部、朽ちて欠けている状態で、同様に使用不可とするための破壊によるものでしょう。

最後の一門は、耕作が行き届かず、荒れた畑の斜面を少し横断気味に下ると朽ちたビニールハウス横の畑と畑の間の木々の中にありました（十時三四分）。田澤さんの畑とのことです。これも砲筒の中程の下半が欠けています。台座基礎の円形半分が地中から顔を出していることからも、三門の内二門は畑の整地のために、端のほうに移動したといわれているのですが、そのうちの一つでしょうか。

同行の松島さんが、例の如く、「こうして使われなくなった畑は駐車場にするとか、有効的に活用することは出来ないだろうか！」等、独り言をいっています。しかし、ここの三門は、地理的にも農地ということに気を付ければ、素晴らしい観光資源になるのではないでしょうか。

⑦ 中岬海面砲台（**評議平中岬**）

車を営農研修所から実験圃場の突端の交差点部に移動して、中岬の砲台を目指すこととなりました。

地下の塹壕の砲台まで行くには、さらに農道を突端まで行って、畑の端部を左方向に少し歩いて、林を直に南に抜ければ直ぐであったのですが、遠回りをしてしまい車を置いて、十一時スタート、中岬から御幸之浜よりの断崖上に出てしまったのです（十一時八分）。風のため、かなりの潮飛沫を受けながら、「アオリイカ」を釣るために用意されたロープなのか、それを頼りに一旦水際付近まで下り、危険にえぐれた断崖の上を恐る恐る効きそうもない木々に摑まりながら、監視壕（？）の中に入るのですが、特に、中には何もありません（十一時二四分）。

中岬の海面砲台は、「左右のどちらに行くべきなのか！」などと言いながら大休止にし、空はかなり雲が取れてきて、心地良い潮風を受け早い昼食です。

周りは草むら、クッションの心地です。固有種の「オガサワラススキ」が、風になびいています。小笠原も秋なのでしょう。日中は、暑いくらいですが植物は季節を敏感に感じつつ、確実に交替を繰り返しています。

前方の南崎までの海岸線が、海の青と山の緑がマッチングして、また、晴れ上がって素晴らしいの一言に尽きます。草むらに大の字になって寝そべって、天国にいるような気分に浸るのでした。

調査表の位置から、「目的地は中岬から海に向かって右側の位置ではないか！」という。独り言の松島さんの勘を頼りに、十一時五五分に出発したと思ったら、勘が当たり十二時にドーム（カマボコ）型の塹壕に辿り着きました。十四糎砲は、台座から外側に向かって左側に分離崩壊しています。立派な砲筒です。

トーチカ構造は見事なカマボコ型コンクリート造りで、さらに奥は縦二メートル×横二・五メートル、奥行き二〇メートル程の通路となっていて、その通路の入口には、深さ一メートル程の水槽のような穴です。奥は連絡通路となっているようですが、先端は埋まっているのでしょうか？

十二時二十分には、同様の造りの塹壕が海に面してあって、十四糎砲が倒壊した状態で残っています。中の通路の奥行きは一〇メートル程です。連絡通路は、同様に先端部が崩落により閉塞しています。

しかし、両方ともコンクリートの表面は、見事に仕上げされており、六十年近く（当時）経過しているとは思われない状態で、ただただ、携わった兵隊さんの造営技術に感嘆です。

十四糎砲

塹壕の中の状況

林を二〜三分で抜けて、畑に出ます（十二時二八分）。畑の所有者は、日比野さんとのことです。畑の端部を少し歩き、農道の突端を歩いて車に到着です（十二時三七分）。かなり回り道をしてしまったのですが、却って、色々な状況を確認出来、楽しいものとなりました。しかし、二度目に訪れる時は苦労したくないものです。

⑧ 万年青浜《おもとはま》海面砲台（中の平）

都道「南進線」の昔の終点部、万年青浜駐車場に十二時五五分に到着です。

調査表によれば、「万年青浜入口から南西に延びる稜線を約一五〇メートル下っていくと、洞窟の入口があり、入口から急勾配に掘られた洞窟を下ると、二箇所砲座がある。砲座にそれぞれ十二糎高射砲が倒壊した状態で保存されている」とのことです。

我々は、その内容に基づき、駐車場から直ぐ南西の稜線を目指してブッシュの中に分け入ることとしたのです。一歩入って驚いたことには、観光のため南崎までの遊歩道が近接地に造られ、そこを幾度となく歩いて来たのですが、そうした遊歩道から観る情景とは別世界です。正に、軍隊の廃屋の基礎がしっかり残っているではありませんか。全く気が付かなかったエリアです。

廃屋の木造部分は、跡形もなく六十年近い年月と共に消え失せているのですが、コンクリートの基礎は、今でもその上に継ぎ足せば、使用可能な状態です。どこの戦跡についても共通していえることですが、当時の設営隊の技術力には見事なものが窺えます。

決して、目に見えない基礎の部分であっても、コンクリートの打ち込みに手を抜いていないことが窺い知れるのです。

しかし、いくら探せども、洞窟入口が分からず海面洞窟からして、崖の直上に造られた砲台であることから、その崖の直近まで歩を進めることにしました。そこには、当然のように調査のための先人の痕跡か、テーピングと赤のスプレー痕があり、踏み跡と共に自然に砲台位置に案内してくれています。

案内に従って断崖上に出て、天気は晴れ上がって良好ですが、波があり飛沫が海面より二〇メートル以上打ち上がっています。

下を観ると、マリンブルーの波間に吸い込まれそうです。カニの横歩きのようにして、恐る恐る足を一歩一歩、また、手は岩肌をしっかり掴みながら移動して砲台の前面に出ます（十三時十八分）。

十二糎砲が、砲筒を半分ほど出して迎えてくれ、周りは絶景となっています。向島、平島など、母島の属島が目前に観えます。海に向かって右側には、御幸之浜方面の海岸線が砕け散る白波と共に、背後の緑と一体となって太陽光線でコントラストに輝いています。言葉では言い表すことの出来ない絵画の世界です。奥に造られた立派な素掘りの縦・横二メートルの大きさの連絡通路により、もう一門の十二糎砲が破壊により倒れた状態で横たわっています。

砲座の奥の壁面には「万年青浜 怒濤乃上に棕梠の花（築城の花）三〇四設 中川中尉」の碑文が存在しています。暫し、皆と碑文の解釈を論じ合うのでした。こうした碑文は、

十二糎砲と「向島」

断崖上の十二糎砲

数多くの戦跡の中でも非常に珍しいのです。学徒出陣の文才豊かな中尉が、苦労の証として歌って設置したのであろうと四人の一致した意見となったのでした。

いずれにしても、こうした碑文を観ると、毎日毎日どんなことを、中川中尉をはじめとした兵隊さんたちが考えながら任務に就いていたであろうと考えてしまい、つい感傷に浸ってしまうのでした。

塹壕の外枠を写真枠に合わせ、向島をバックにして十二糎砲の写真を数枚撮ることとし、こうしたアングルを色々な戦跡で撮ってきているのですが、自分でも納得の写真となっています。

この塹壕から、上に通じる五〇度の傾斜はあろうかと思われる素掘り階段風の通路が延びています。斜面に沿って、懐中電灯の明かりに導かれながら四つん這いで登っていくと、崩壊寸前の出口に十三時五三分に出ることが出来ました。

通路の延長は一五〇メートル程で、大きさは縦・横二メートルはあったでしょうか。位置は、南西稜線の少し下った斜面の途中にあって、調査表の案内文だけではここを探すのは容易でないでしょう。樹林の中を通って、十四時車に到着です。

⑨ 沖村平射砲台（舟木山）

十年前に案内されたことのある砲台です。しかし、再度行くとなると場所もはっきりせず不安になります。

十四時十五分、乳房山遊歩道の入口に車を置いて、遊歩道の階段を二〜三分登って、沢筋に出るべく、進行方向右に曲がり、斜面伝いを降りるように横断していきます。どうしたものか、ここにもテーピングの案内が至る所に貼られています。

案内に導かれるように、その目印に沿って歩を進め沢を横断して、目印に沿って斜面を一〇〇メートル程登ると、砲筒がこちらを向いて出迎えています（十四時三十分）。辿り着けるか心配したのですが、テーピングに案内されて簡単に到達です。

中は、正に陣地です。十年前は、単に十二糎砲のみの調査に終わっていたのですが、改めて中に入って観ると、立派な洞窟陣地となっています。入口部の天井は、珍しくコンクリート面に板材が貼られており、その板材が朽ちて所々落ちかかっています。右奥には、作戦室的に使われたのか、立派な部屋となっています。

その部屋を出て、奥に通じる連絡通路を行くと、かすかに上の方から外部の明かりが差し込んでいます。急な上向きの外部との連絡口となっています。ライトとカメラを持ちながら不安定な格好で、急な素掘り斜面を登って外に出るか、出口まで戻って遊歩道に出るか思案の末、そのまま素掘り斜面から道無き雑木林の斜面を登って遊歩道に十四時五二分到着です。

洞窟陣地の中の状況

⑩ 剣先山平射砲台（舟木山）

事前に母島観光協会長の大崎さんに場所を聞いていたのですが、何とか辿り着けるかなと思いつつ向かうこととします。

言われたとおり、遊歩道のギンネム林に変わる手前の斜面にある沢筋を直登していくルートを採ることとします。

草付きを行けども行けどもそれらしき陣地の入口は分からないのです。かなり登って、沖村集落を見渡せる部分まで歩を進めたのですが見つけることが出来ず仕舞いとなりました。

今回の調査では、予定した最後の一つを見つけることが出来ず残念です。さらには、最後の登りで右の足首を痛めてしまい、その痛みをこらえて車に戻ることとなりました（十六時五分）。

休暇を利用しての集中的な調査となった三日間の成果として、二〇門の大砲を確認することが出来ました。

内訳は、一日目は二門、二日目は八門、三日目は一〇門です。これは、母島の戦跡記録に記載された大砲の約三分の二に相当するのではないでしょうか。

なお、剣先山平射砲台は、後の正月休みを利用した調査により十二月三一日に確認することになるのです。

第六章　望郷のおがさわら

東京竹芝から一〇〇〇㎞の彼方にあって、直ぐには行けない小笠原だからなのでしょうか。年月の経過と共に、望郷の念が心に漂ってきます。

通算五年に及ぶ赴任の期間で味わうことの出来た、それはそれは格別なおがさわらの情景でしたが、それをお伝えすることにしましょう！

一　おがさわら十景

大塚は、小笠原に赴任して、父・母島を中心に聟島列島など多くの島々を、過去、大学山岳部時代に鍛えた足腰で、半島部を含めて山、それら各所に存在する戦跡、さらには海の中と大自然を満喫すべく時間さえあれば、調査と称し足しげく仲間と共に、島内を散策、そして潜っていたのでした。

しかし、今でも残念に想うことは、土木課時代「北硫黄島」「西之島」に行く機会があったのに、庶務担当の立場から止む無く様々な所用で散策等に行けなかったことなのです。

特に、北硫黄島は、海抜八〇四メートルの榊ヶ峰があって、山岳部当時の遺物となっていた登山道具「アブミ」（簡易なハシゴ）などを製作して急登用に準備したのでしたが、使用は残念ながら委ねて行けず仕舞い、行ったメンバーからの報告を羨望《せんぼう》のまなざしで聞くということもあったのです。

西之島も同様で、現在のような噴火前に状況視察だけで行けず仕舞い、これも残念無念、今更ながら拡大しつつある島状況を繰り返される報道などを見ながら、一人静かに当時を想うだけとなっています。

さて、そうした中で、「おッー、これは凄い!」と見惚れ・息をのむとはそうした情景をいうのでしょうか。それはそれは絶景と称する数々の場面にこつ然と遭遇することがあって、ザックからカメラをすぐさま取り出しシャッターを押し続けたのでした。

そして、小笠原に居住してみて、東洋のガラパゴスと言われるだけあって、固有の動・植物と共に孤島の中にこうした場所が現実にあるのかと思ったりするのでした。

そうは言っても出合った数々の場面、絶景といいつつこれは全くの個人の主観によるものであって、その中から、敢えて一〇箇所を選んでということで勝手に「おがさわら十景」と題し、お伝えさせて頂くこととします。

当然にその時の天候・アングル加減、また、観る人によっても全く異なってくるのですが……。また、十景では、それぞれの一瞬の場面ではなく地域全体を指すこともあります。そうした場所は、簡単に行けるような所ばかりではありませんが、小笠原観光で島内を歩かれた方、過去小笠原に滞在された方、現在お住まいの方、それぞれお一人おひとりの体験の中で、拙文の内容について、ご批判・ご笑覧を仰ぎたいと思います。それでは、お伝えしましょう！

第一景「硫黄島の夕日」

これは、最初の赴任時である平成五（一九九三）年二月、今から約三十年前となるのですが、「東京都公有土地水面使用等規則」という条例の管理者として小笠原支庁土木課に在職時、業務出張で海上自衛隊のヘリコプターで硫黄島に一泊二日で訪れた際、皆さんと分かれて一人夕方に、自衛隊基地を散策していた時に遭遇した一情景でした。

たまたま目の前の一本の固有植物である「オガサワラビロウ」のヤシの木を右に、そして、摺鉢山を左に従え、その真ん中右に沈んでいく真っ赤な太陽の刻々と変化する数分の一大パノラマでした。

そして、昼頃から雲がだんだん取れ始め、夕日の頃、西の空には雲一つ無くなっていたと記憶していますが、言葉では云い尽くせぬ圧巻の情景でした。

「ようこそ！　硫黄島までよくぞ来られましたね！　それではお観せしましょう！　どうぞ！」と大自然が手招きして呼んでくれているようでした。

その変化してゆく情景は、今でも瞼に焼き付いていますが、第二次世界大戦時、歴史の壮絶な体験をした島ならではの哀愁漂う美しさを、そっと訪問者に提供してくれたものと想っています。

素人写真ですが、観るたびにその場面に自分が居て、カメラを構えている姿が思い出されてきます。夢中になって、シャッターを押している姿を……。

時に今でも、場所は違えども夕日を眺めた時など、静かなメロディの旋律と共に、「平和」がなによりであることを、そして、忘れもしない記憶にある情景が、脳裏に訴え掛けてくるのです。それは、不思議な感覚となっています。

第二景「おがさわらの星空」

これも同様に約三十年前、今度は海岸管理者として、小笠原父島から沖ノ鳥島の露岩工事の補給船に乗って向かった視察の途中、周り三六〇度の大海原の中で、十九時頃だったでしょうか。

補給船のエンジン音だけがただ鳴り響く退屈な一時、無性に外の空気を吸いたくなって、一人甲板に出て手摺にもたれ掛り、膚を爽やかに通り過ぎる微風が心地良いその時だったでしょうか、何気なしに眺めた南の方向の夜空、あれはッ！　波間の水平線より少し上に輝くサザンクロス（南十字星）だったのです。この十字に輝く五つ星を観た時の感動と感激、美しさは未だもって忘れられないものとなっています。

サザンクロスは、ガスや塵が集まる暗黒星雲の領域に位置し、暗い情景が益々その輝きを際立たせているのです。そして、小笠原の父・母島でも南西の空に四月から五月の天候の良い日、海面上の直ぐ上、一番下の星を除いて四つの星を眺めることが出来ます。

小笠原の天候に恵まれた空は何ら遮るものは無く、また、照明も集落部と街路灯のある都道の一部を除き限られていることもあって、一年を通して忘れられた絶好の星空観察の島ともなります。小笠原を訪れた方は、星空観察をすること無くすぐさま観光にという方々ばかりですが、天気の良い日、ふと静かに夜空を眺めて下さい。

それはそれは、一生の想い出としておがさわらのほしぞらが脳裏に刻まれることになるのではないでしょうか。静かな潮騒の聞こえる中で、缶ビールを片手に、草むらの上で大の字になって眺める満天の星と流れるような天の川、運が良ければ時には流れ星も！　こうした至福の一時は、訪れた小笠原ならではではないでしょうか。

当時、母島のヘリポート脇の草むらの上で仲間と共に大の字になって眺めたことが、つい昨日のように思い出されてくるのです。

第三景「父島・天之浦」

三景目のこの場所は、父島の南東部に位置します。天之浦とは、誰が名付けたのか知りませんが、まさに字の如く言い表しており、この世のものとは思われない絶景が、一歩進むと眼下に飛び込んできたのです。

訪れた当日は、幸運にも天候に恵まれ、マリンブルーの吸い込まれそうな波静かな海、断崖絶壁がそそり立ち、そして連なる厳しい男性的な父島の南面、真っ白な天之浦の円弧状の浜辺、その透き通ったマリンブルーの水面をゆったりと泳ぐ一匹のマンタ、眼下にニョキッ！　と伸びる海蝕による自然造形の「亀之首」の半島、白く剥き出しとなってその上を歩くには少し恐怖を感じる稜線、そして辿り着く途中にあった希少固有植物の数々、一つひとつが変化に富んで満足度一〇〇％の素晴らしい場所となっていました。

絶景「千尋岩《ちひろいわ》」へ行きがてら、途中、寄り道ともなる場所もあって、なかなか訪れる人は稀です。また、行く途中の斜面奥にある戦跡の中でその素掘り枠内から「南島」を遠望

天之浦湾と巽崎

亀之首

天之浦山から観た父島南面

出来る場所でもあります。

第四景「母島・東台」

場所は、母島の北東部にある半島です。当時、遊歩道の計画が立てられ、既に整備されていれば簡単に辿り着くことが出来る状況にあるかも分かりません。

当日は、村役場の方の案内で、微かな踏み跡を頼りに道無き道を行ったこともあり、しんどかった苦労だけが思い出されてきます。

絶景は、その半島の先端部にある自然が造った海蝕洞によって眼下にこつ然と現れる「幻の湖」です。訪れた際は、タイミング的に丁度満ち潮時だったのでしょうか。

薄青の海面が三角状に広がって、周りのゴツゴツした岩肌、その岩面にも逞しく活着した緑の植物、そうした場面全体が太陽光線に照らされて、潮の出入りに伴う反響する音と共に、異次元のパノラマ空間を醸し出していました。

また、訪れる途中で出会った旧北港赤石浜の直上にある「北港海面砲台（十年式十二糎高角砲）」などの戦跡をはじめとして、東山（二九三・五メートル）の南西稜線に位置する馬の背からの絶景ポイントなど、整備されていれば散策コースとして、変化に富んだ数々の情景を提供してくれる場所ともなることでしょう。特に、真上から望む「幻の湖」は、苦労して辿り着いた人にしか味わうことの出来ない最高の癒しのビューポイントとなることは確かです。

帰り際、無人となった旧北港の集落・学校跡地、旧桟橋周辺を静かに散策し、母島の歴史に想いを馳せては如何でしょうか。旅の良さを感ずる一時となることでしょう！

第五景「兄島」

平成七（一九九五）年二月、小笠原空港を兄島に造るということが決定し、いよいよかと思ったのも束の間、当時の環境庁が兄島設置案に反対の意向を表明し、その後、紆余曲折を経て現在に至るまで決まることなく、新たな飛行場案がその都度、各種意見が出され

幻の湖

北 港

戦前の北港集落（当時の写真）

兄島から観た「兄島瀬戸と二見湾」

る中で転々と、検討され続けています。

兄島に設置の反対の大きな理由は、貴重な太古から変わらぬ「乾性低木林」の緑の絨毯を破滅させてはならないということ、そして、世界にここ兄島だけに生息する「アニジマカタマイマイ」をはじめとする陸産貝類などの絶滅保護にありました。その後、陸産貝類以外にも、多くの固有種が発見されているようです。

当時、大塚は港湾課長の立場でしたので各種調査を目的として、幾度来、兄島の建設予定地であった場所を訪れましたが、正直、乾性低木林の樹木の高さが人の背丈とほぼ同じか、少し高い状況にあるため、その中を分け踏み入るには非常に難儀をしました。今は、その大変であった想い出だけが残っています。

しかし、兄島の最高地点「見返山」（二五三・九メートル）から眺める三六〇度の大パノラマは圧巻で、例えば、神々しく光り輝く兄島瀬戸越しに、斜め上空から観た二見湾の情景は、感動が込み上げ言葉では言い表すことの出来ない別次元の世界でした。こうした頂上部にも、掘り込んだ塹壕から、当時の戦争の痕跡を、確認することが出来ます。

第六景「父島・南崎」

この場所は、父島の南西部の突き出た半島部にあります。

ここでは、先ず、地質学的に南崎と一体となった「新東京百景」の「南島」をということになるでしょうが、それでは一般的であり過ぎますので、その南島に勝るとも劣らない海中公園地区を挟んだ東側の「南崎」をあげさせて頂きます。

いや、学術的にはこちらの方が貴重なエリアなのではないでしょうか？　全くの素人ですが、砂上に散らばっている半化石などの貝類も一種類だけではなさそうです。

遊歩道終点、比較的簡単に行けて散策可能な「ジョンビーチ」には多くの方が訪れるのですが、その南の乗越先に位置する「ジニービーチ」と崎の先まで訪れる人は少なく、ひっそりと静かに訪問者を待ってくれています。

立ち枯れの木々とラピエ

その一帯が、石灰質の岩が、雨などの浸食によって鋭く尖った状態となった「ラピエ」の幻想的な世界、採取することの出来ない半化石「ヒラベソカタマイマイ」などの存在、南崎の先端方向から眺める三角形状に広がるジニービーチの白い砂浜など、訪問者を飽きさせることはありません。

当時、天候の良い日を見定め、一人静かに戦跡調査を兼ねながら南崎の最先端近く、ラテライト質の赤色土が剥き出しとなった付近まで、おっかなびっくり歩いてみました。

その稜線上には、ラピエの岩稜とその風化した真っ白な砂溜まり、乾燥地に点々と高さ四～五メートルはあろうかと思われる立ち枯れの木々、その間には「南崎砲台・照空分隊陣地」の戦跡が、カール状の幻想的な風情を醸し出す地形とは不釣り合いに散在しており、静かに過去の歴史を問うています。

第七景「父島・鳥山」

この場所は、父島の南東部に位置します。正に、父島を亀の形とすれば、その右ヒレの部分に当たり、飛び出た半島部に標高一九八・二メートルの「鳥山」があります。

この所在は、地元の人であってもあまり知られていませんが、ガイド時代を迎えた現在では、こうしたコースは穴場のビューポイントとして注目を浴びていくことになるのでしょうか？

父・母島共に半島部への歩行は、難易度を増すことになりますが、一日掛けて、そして若干スリルを味わった山行は良き想い出となることでしょう。

当時、二度程訪れてみましたが、思うことはかなりの体力を必要とするということです。通過場所のルートによってはザイル（命綱）が欲しいな！と思う箇所もあったりで、ガイドを必要とします。素晴らしい小笠原を知り尽くした案内人の下で、小笠原の豊かな自然を堪能してみて下さい。

そのようなこともあって、鳥山頂上に苦労して辿り着いた時には、疲労感の中に喜びと達成感が込み上げてきます。

鳥山稜線から眺める東島方向の海岸線、東海岸、鯨崎、巽島《たつみ》、振り返って背面の元小笠原空港建設予定地であった緑の絨毯の情景などは見応えがあります。そして、誰が造ったのでしょうか！　大きな道標「ケルン」もあったりで、旅情を豊かなものにしてくれます。

貴方も訪れて、そのケルンに周りの石を一つそッと！　積み重ね、そして一体となった見事な情景を、耳元を爽やかに通り過ぎる潮風の中で、静かに眺めて観ては如何でしょうか。

鳥山頂上の道標「ケルン」

第八景「母島・南崎」

父島の南崎同様に、母島にも「南崎」がありますが、父島とは趣を異にして、先ずは海面から八六・三メートルの「小富士」と称する円錐形の山が最先端にあり、その頂上は風光明媚な場所となっています。

小富士までは、都道の「南進線」の終点から、当時、一時間三十分程を要したでしょうか、現在は字の如く南進線の工事進捗により、歩行距離は、短くなっているのかも分かりません。

最後、階段状の登りを経た先は小富士の頂上となり、三六〇度の大パノラマが眼下に広がり、南方洋上に平島・向島などの属島の島々を近くに眺めることが出来ます。そして、その足下の鰹鳥島《かつおどり》との間には、潮流が極めて速い大瀬戸が存在し、時間によっては頂上からも潮の流れが確認出来ます。

なお、小富士に登る途中の中ほど、斜面左側への踏み跡を辿ると「南崎海面砲台（小富士砲台）」があり、安式十五糎砲二門が倒壊した状態で、訪問者を優しく迎えてくれます。

また、小富士に登る手前、右側南崎先端に至る西面の浜の上の台地状には、地被植物が覆いカツオドリの生息地ともなって、子育て時期には多数のひなを観ることが出来ます。情景的に先端の小富士だけがクローズアップされますが、都道終点から南崎に至る遊歩道沿いは至る所、多くのバリエーションに富んで訪問者を飽きさせることはありません。

タイミングが合えば絶滅危惧種の「アカガシラカラスバト」の鳴き声と共に頭上の枝にひょっこり出会えるかも知れませんし、すり鉢状になったラテライト質の斜面も遊歩道沿いに観ることが出来ます。

南崎と小富士

蓬莱根《ほうらいね》海岸・ワイビーチもビューポイントで、南崎エリアの中の一つひとつの場所が絶景ポイントとなっているのです。

第九景「父島・長崎（鼻）」

ここは、小笠原のパンフレットを飾る代表的なビューポイントであり、天候の良い日など、先ずは観光で一度は訪れてみたい必見の場所でもあります。

眼下には、浅瀬に色とりどりのサンゴと群青の海が荒々しく切れ落ちた岩肌の色ともマッチングして、覗き込むと吸い込まれそうですが、その先に紺碧の大海原が広がっています。

父島「長崎」

その見下ろす手前の渦巻き車道のトンネル斜面には、世界的にも珍しい深海でマグマが噴出し、その後の地殻変動によって地表に現出、それが都道築造時の斜面となって「枕状溶岩」の断面が、説明レリーフと共に訪問者を温かく迎えてくれています。その説明書きにも目を通したいものです。

そして、曲がりくねった道路の上の林の中には、多くの戦跡が静かに緑と一体となって残置されています。しかし、その存在は、余り知られていません。

第十景「おがさわらの海」

おがさわらを十景として、一つひとつを端的に言い表すことなど出来ませんが、最後に、その第十景目は、小笠原の島々の周りに広がるおがさわらの海としました。十景目は何といっても世界に誇るおがさわらの海、そのものの各種情景ではないでしょうか。

たまたま機会あって、二回目赴任時の二年目、スキューバーのライセンスを取得し、その活用は短い一年の体験とはなりましたが、トータル五〇本（?）を超すボンベ消費の数となって、小笠原の異次元の海の世界を垣間見ることが出来ました。

その代表は、やはり聟島列島の最南端の島「北之島」、その一番北に存在する一ノ岩の周りの海中情景でしょうか。波高の中ではありましたが、船長の好意によりダイブの機会を得、この世の世界とは思われないほどに群游する各種魚影の数と量、岩着する海の植生、たまたま潮の流れからタイミング良く、そうした機会に遭遇することが出来ましたが、おがさわらの海の中でもその情景は別物であったと思っています。

今更ながら、ダイビングという貴重な機会を得て想うことは、ライセンス取得に当たっては正直、躊躇する状況でした。しかし、その世界を知って、改めて一歩踏み出す「勇気」の選択は正しかったと思っています。

こうした記述の最中、令和三（二〇二一）年六月二七日にはＮＨＫテレビの「ダーウィンが来た！」の番組で小笠原に生息するシロワニが特集されており、当然、観賞させて頂きました。
そのシロワニの食事シーン・出産前のお腹の胎動状況など迫力ある映像を目の当たりにして、マルベリ湾で体験したシロワニとの遭遇は、単なるダイビングの想い出としてではなく、知られざるシロワニの生態として、これからの小笠原のためにも新たな観光資源として、広くＰＲをして頂きたいものです。

さて、忘れてはならないことは、小笠原諸島は日本最大のアオウミガメの産卵地です。その時期である五〜八月頃には、夜の浜辺で産卵に立会うことが出来ます。

また、小笠原では、許可により捕獲された亀肉を食用として刺身や煮込みで頂くことが出来ます。好みもありますが、観光で訪れた際は、是非、珍食材として想い出に如何でしょうか。

アオウミガメのふ化状況

現在、小笠原の海は、各種マスコミで新たな発見、例えば、深海に棲む「巨大イカ（ダイオウイカ）」などの生態が報じられています。しかし、それを食するクジラの生態は、未だ十分明らかにはなっていないようです。今後とも、外にも色々な発見がなされていくのでしょうか？

小笠原は、世界自然遺産となって、ますます、注目を浴びていくことになると思われますが、その中でも世界に冠たるおがさわらの海は、地球規模の温暖化という変化の中で、現在のまま、何時いつまでも変わらない海であることを願ってやみません。

二　これからの「おがさわら」

1　厳しい自然の中で多くの人が眠る

硫黄島は、返還時から継続して戦没者遺骨収集が行われているにもかかわらず、未だに一万を超える遺骨が帰ることなく眠っています。

硫黄島 米軍上陸の浜

摺鉢山中腹にある大砲の残骸

一回目の赴任時この島を訪れる機会に恵まれ、米軍による爆撃の激しさで形状が変わったといわれる摺鉢山の頂上に立ち、静かに合掌させて頂きましたが、米軍の最初の上陸地点である眼下の浜に、何事もなかったように打ち寄せる白波を観た時、平和であることの有難さをかみしめた次第です。

また、昭和十九（一九四四）年に強制疎開された方々のうち、硫黄島出身者は、厳しい自然条件を理由に今日まで帰島が許されていません。このため、約八十年近くを経た今も「小笠原の戦後処理」は終わっていないということを聞きます。

2　自然との壮絶な格闘が「いま」を築いた

次に、環境についてです。小笠原諸島は小さな島々の集合体です。このため、自然の反応は極めて敏感で、瞬く間に環境破壊が進行します。

例えば、「新東京百景」の一つとなっている「南島」です。サンゴ礁が地殻変動によって隆起・沈降して出来た世界的にも珍しい沈水カルスト地形の島ですが、一時は観光客の立入りにより植生が破壊され、土壌の侵食・流出が発生しましたが、その後の人数制限などの対策により復植を見ています。

今後、南島以外でも同様の警戒が必要です。

続いて、公共事業についてです。先人たちの努力によって築き上げられた様々な公共施

父島・南島「扇池」

塹壕からの南島遠望

設・事業を、今後、どのように継続していくかが問われています。公共事業はよく、悪役のような言われ方をしますが、小笠原独自の問題を解決していく、大事な公共事業もあります。環境への配慮を最優先しつつ、必要な施策は着実に実施し残していくべきと考えます。

例えば、昭和五（一九三〇）年小笠原初の永久橋として建設された唯一の戦前の橋「旧長谷橋《ながたに》」です。戦後、新橋が真上に建設され、旧橋は大自然と融合して見事にそのまま残されているのです。

3　地球の反対側よりも遠い島

さらに、本土とのアクセス問題です。時間についてだけいえば、国内なのに、地球の反対側のブラジルに行くよりも遠いのが現状です。過去、おがさわら丸の代替船である超高速船ＴＳＬが就航し、時間が大幅に短縮されるとの望みがありましたが、直前にコスト面などから計画中止となりました。

移動時間の短縮は、返還当初から議論され続けてきたテーマです。しかるべきルールのもとで、自然との調和を基本に結論が出されていくことを切望するものです。

4 数奇なドラマの続きは皆の手で

最後に、こうして原稿を書いている最中も、人情に厚く純朴で、真っ黒に日焼けして、屈託なく満面の笑みを浮かべる島民の方々お一人おひとりの姿、そして島の情景が、走馬灯のように思い出されてきます。

二見桟橋 送別「南洋踊り」

二見桟橋「おがさわら丸」見送り情景

先人たちの、血のにじむような自然との壮絶な格闘の中で築いてきた小笠原。それをどう評価し、どうしていかねばならないか。そして、次の世代にどのようなバトンタッチをしていくべきか。島民だけではなく、観光客や行政も一体となって、小笠原の将来を真剣に考える極めて大事な時期に入っています。

「おがさわら」は歴史上、他では考えられないような数奇なドラマを演じてきた地です。平成二三（二〇一一）年六月二四日、待望の世界自然遺産とはなりましたが、世界に誇る小笠原固有種である動・植物の宝の島として、末永く繁栄を続けて欲しいと思います。

そして、これからドラマの役柄を演じられる方々に、幸せあれと願うものです。

三　小笠原望郷歌

最後に、知る人ぞ知る「小笠原望郷歌」を紹介させて頂きます。

この歌は、二回の赴任時の五年間、職場で酒場でと、島内にお住まいの方、また、小笠原を訪れた方々と一緒に、さらには帰任してからの関係者の集いなど、ことあるごとに唄ってきました。

こうした望郷の歌は、いずれにしても強い想い出と共に一部哀愁の調べを漂わせ、皆で肩を組んでの唱和に至っては大変に盛り上がることとなります。「田端義夫さん」が唄った歌とか言い伝えられていますが、何方の歌か定かではありません？

また、作詞者は「小笠原諸島返還三〇周年記念誌」の「小笠原の愛唱歌」の記載によれば、「加藤謙三さん」となっています。はて、加藤さんとは？　小笠原とどのような縁のある方なのか、本書のまとめに当たり、知りたい！　と考え「財団法人 小笠原協会」に問合せをしたところ「現在もご健在で、新潟県にお住まいになっており『よあけ会名簿』に載っているよ！」とのことでした。

早速、第一回目の支庁赴任時に、土木課で配られた懐かしい「平成三（一九九一）年六月二六日現在」の「小笠原よあけ会 会員名簿」（小笠原よあけ会事務局）を探し出し、「加藤謙三さん」のお名前を、小笠原諸島返還当初の総務課欄に見付けたのです。正直、感動しました。そして、早々にお電話をさせて頂きました。電話口から、八十歳を超えておられるとのことでしたが、お元気なお声を拝聴し、ますます感動です。

それでは、歌詞です。大塚が赴任時教えて頂いた内容を記載しますが、記念誌記載の歌詞は、三番の冒頭二行が少し異なっています。何方かが、その後、補筆されたのでしょうか？　自分なりに口ずさんでみると、赴任時教えて頂いた歌詞の方がテンポ良くメロディーに合っているようです。

また、何時頃から唄われ始めたかは知りませんが、千昌夫さんの「北国の春」のメロディーに合わせて歌う替え歌となっています。

戦争により島ごと要塞化、そして戦況に伴う強制疎開・敗戦となって、二十数年を経て返還後、新たな開拓に伴う加藤さんたちをはじめ苦労した先人たちが、赴任と帰任・長期出張などの往き帰りの道中に唄うおがさわらを懐かしむ望郷の歌として、創られ唄われるようになったのでしょうか？

それでは、早速、北国の春のメロディーに合わせて口ずさんでみて下さい。おがさわらを知っている方であれば、自然と一つひとつの歌詞の固有名詞の場所が、懐かしさと共に瞼に浮かんで想い出されてくるのではないでしょうか！

なお、小笠原を訪れた際、お店などで唄う機会に恵まれれば、その人は幸運で、おがさわらが身近なものとなります。本当に見事なまでにマッチングした歌詞とメロディーです。

それでは、「小笠原望郷歌」の歌詞を掲載させて頂きます。

一　ヤドカリ マイマイ ガマガエル
白蟻に ヤモリもいたっけな
アー 大村のあたり
二見の浜辺で 月見の酒よ
騒いだあの頃が 瞼に浮かぶ
あの父島へ 帰ろかな 帰ろかな

二　夜明け 三日月 旭山
なつかしい あの山 想い出の

アー 想い出の山
夕日眺めて 燃えてたあいつも
今頃子供を あやしているだろうな
あの父島へ 帰ろかな 帰ろかな

三

アカバ ムロアジ 猫またぎ
ウミヘビに オデコも 釣れたっけ
あー 兄島の瀬戸
釣りキチ仲間の 酒のサカナは
腕としかけの 自慢のはなし
あの父島へ 帰ろうかな 帰ろかな

四

船は いつ来る 母島へ
酒もなく クサヤを かじったネ
アー 沖村の夜
明日は凪《なぎ》いでと 祈りを込めて
歌を唄って すごした仲間

オカヤドカリ

あの母島へ 帰ろかな帰ろかな

五 ギンネムタコノ木ガジュマル林
こうもりにメグロも遊んでた
あー北村の森
ジャングルかきわけ たずねた里も
今では車で 行けると聞いた
あの母島へ 帰ろかな 帰ろかな

六 南を 望めば 乳房山
そそり立つ あの岩 朝立ちの
あー 朝立ちの岩
愛しつあのこに 想いをはせて
酒を片手に 手紙を書いた
アー あの島は小笠原 小笠原

固有種 メグロ

おわりに

こうして、小笠原に関する折々の想い出を綴った内容を、改めて見てみると、よくもまあ！ここまでメモを取り続けたものだと自ら感嘆すると同時に、「おがさわら」での体験したその場面・情景、関係した人々のお顔が脳裏に浮かんでくるのです。そして、懐かしいお一人おひとりのお名前が、少々記憶が薄れつつある中で思い出されてきます。

赴任二回目の際、平成十六（二〇〇四）年四月に後任者に引継ぎをして、小笠原からの帰任船である「おがさわら丸」に乗船、二見湾で多くの方々に見送られて、その後は、伊豆諸島を含めて、島を訪れる機会は無く、ニュース報道、特集などで、体験した場面を見るにつけ、懐かしさだけを感じて過ごしているのが現状です。

時に、家族と一緒にそうした番組を見たりすると、勝手にあーだのこーだの言ったりしているのが関の山で、また、当時、小学新三年生、一年生、そして四歳になる三人の子供が、島の子供が遊ぶ見様見真似から水深数メートルの所に突然飛び込んだり、遠泳をしたりしてハラハラしていたのが、島から戻ってその子が親となる年齢となって、「おがさわら」

をどのように想っているだろうかと考えたりします。

さて、島での五年間の中で、小笠原に関係する各種資料の多くを、個人的に興味もあって、ジャンル抜きに収集しました。また、赴任中、親しかった方から、何かの機会に紹介して貰いたい、参考にしてよ！　等々、譲り受けた貴重な資料の数々も、そのまま時が過ぎており、要請して頂いた方々にはお詫びを申し上げねばなりません。

内容として、提供した資料があるでしょう！　どうしてあのことに触れて頂けないのですかな！　など、お叱りを受けるかも知れません。そして、この期に及んで書き足りなかったことが、思い出されてきます。そうした内容は機会があれば再訪島と共に、何時の日か続編を綴ってみたいと思ったりしています。今回は、紙面の構成で体験記としては、ごくごく一部とはなって、取り入れることは出来なかったのですが、ここぞ！　という紹介したい山・海域が数多く存在します。機会があればと思う次第です。

また、拙文の推敲を繰り返す中で、当時の情景が脳裏に想い浮かんで来て、懐かしさが込み上げてきます。小笠原を訪れてみたいなーと想ったりするのです。

なお、内容的にも、駄文のそしりを免れませんし、先人の書物などを確認しつつ事実関係を記したつもりでおりますが、本書をお読み頂いて、間違っているとか表現が違うぞ！とか色々あろうかと思いますが、ご叱責と共にご笑覧頂ければと思っています。

特に、小笠原空港に関しては、日々、ご尽力されている方に失礼かと思いましたが勝手なことを書かせて頂きました。携われた方、現在携われている方には、そのご尽力に満腔の敬意を表させて頂き、お許しを頂きたいと存じます。

本内容は、日常雑多で結構忙しく過ごしている中、時にはくじけそうになったりしましたが、本として出版したい旨を一部の方にはお伝えしていたこともあって、激励やら待ち望む声を聞いたりして、新たな決意、前への励みになったことは確かです。断片的な内容とはなりましたが、丸二年を掛けコツコツとまとめたものです。小笠原のありのままの姿、少しはご堪能頂けましたでしょうか！

そして、赴任中の五年間、多くの方々との触れ合いの中で、「宝の経験・金の想い出」を作らせて頂きました。関係した方々に、この紙面をお借りして、今一重、御礼を申し上げる次第です。有難うございました。

最後に、本書の刊行に当たって様々ご教示を頂いた小野みずきさんを始めとして幻冬舎ルネッサンスの皆さまに心より感謝申し上げます。

二〇二三年五月

手塚博治

固有種タコノキ

【参考文献】

○『フィールドガイド小笠原の自然』小笠原自然環境研究会編 ㈱古今書院　1992年1月20日初版発行
○『小笠原植物図譜』豊田武司編 ㈱アボック社　1981年9月28日初版発行
○「小笠原村戦跡調査報告書」平成14年3月 小笠原村教育委員会（非売品）
○『寫眞帳 小笠原 発見から戦前まで』 倉田洋二編 ㈱アボック社　1983年6月17日初版発行
○『幕末の小笠原 欧米の捕鯨船で栄えた緑の島』 田中弘之著 中公新書　1997年10月25日発行
○『小笠原諸島返還30周年記念誌』 小笠原諸島返還30周年記念事業実行委員会　1998年10月15日発行
○『小笠原島ゆかりの人々』 田畑道夫著 小笠原村教育委員会　1993年2月8日発行
○『特集第63号 小笠原』 セーボレー孝 編著 公益財団法人 小笠原協会　2018年4月1日
○『小笠原兵団の最後』 小笠原戦友会編 原書房　1969年
○『小笠原諸島 母島戦争小史』 大関栄作著 山波企画（有） 1995年10月30日
○「研究紀要 第13号」東京都立小笠原高等学校　1999年3月
○『生物に学ぶ ガラパゴス・イノベーション』 稲垣栄洋著 東京書籍　2021年5月31日発行
○『離島港史』監修 東京都港湾局　1996年7月発行
○『離島港史Ⅱ』 東京都港湾局 離島港史Ⅱ編集委員会　2014年6月発行
○「小笠原航空路開設推進特別委員会速記録」小笠原村村議会 H30.9.12
○「第9回小笠原航空路協議会」資料 R2.7.31
○『人新世の科学』オズワルド・シュミッツ著 岩波新書　2022年3月18日発行
○「管内概要」令和３年度版　東京都小笠原支庁　2021年10月発行

【添付地図の説明】

○「父島管内図」「母島管内図」2 枚

一回目の赴任時（平成 2 ～ 4 年度）、小笠原小学校の教本「わたしたちの小笠原」に挿入されていた地図を、小笠原村教育委員会の許可を得て、土木課が業務用管内図として作成したもので、A3 版を縮小掲載しています。（父島管内図は、二度目の赴任時、平成 10 年度版です。）

地図の内容については、時点修正が必要です。

位置関係の参考図として、見て頂ければ幸いです。

○「小笠原国立公園区域及び保護・利用計画」2 枚

一回目の赴任時、小笠原支庁土木課自然公園係が PR 用の地図として作成・使用していた A3 版を縮小掲載しています。

なお、属島の各位置については、公表の地図から正しい位置を確認願います。

また、用途地域は、その後の改訂で大幅に変更となっています。

〈著者紹介〉

手塚博治（てづか ひろじ）

1951年（昭和26年）、愛知県生まれ。

名城大学理工学部・法政大学法学部卒業。

1974年、東京都庁に入都。

その間、東京都小笠原支庁で通算5年間、係長・課長として、小笠原諸島の公共事業に従事。

そのかたわら、父島・母島を中心に小笠原を隈なく歩き、戦跡や固有の動・植物を調査。

その内、最後の一年間は、ダイブにより、海中調査。

世界《せかい》自然《しぜん》遺産《いさん》の島《しま》　おがさわら慕情《ぼじょう》

2023年5月17日　第1刷発行

著　者　　手塚博治
発行人　　久保田貴幸

発行元　　株式会社 幻冬舎メディアコンサルティング
〒151-0051　東京都渋谷区千駄ヶ谷4-9-7
電話　03-5411-6440（編集）

発売元　　株式会社 幻冬舎
〒151-0051　東京都渋谷区千駄ヶ谷4-9-7
電話　03-5411-6222（営業）

印刷・製本　中央精版印刷株式会社
装　丁　　弓田和則

検印廃止

Printed in Japan
ISBN 978-4-344-94419-0 C0095
幻冬舎メディアコンサルティングＨＰ
https://www.gentosha-mc.com/